모든 생각을
사로잡아

Every Thought Captive

이 책의 저작권은 제네바신학대학원대학교 출판부에 있습니다.
저작권법에 의거하여 보호를 받는 저작물이므로
무단 전재와 무단 복제를 금합니다.

모든 생각을 사로잡아

리차드 프랫 지음
석기신·신승욱 옮김

차례

추천의 글 —————————————————— **06**
저자의 말 —————————————————— **10**

chapter 01 확고한 기초 ————————————— **15**
chapter 02 모든 것의 시작 ———————————— **35**
chapter 03 타락 이전의 인간의 성격 ———————— **57**
chapter 04 죄 가운데 있는 인간의 성격 ——————— **75**
chapter 05 그리스도의 구속함을 받은 인간의 성격 ——— **97**

chapter 06 비기독교적 관점 ——— 113

chapter 07 기독교적 관점 ——— 131

chapter 08 태도와 행동 ——— 155

chapter 09 인기 전략들 ——— 179

chapter 10 성경적 변호의 구조 ——— 201

chapter 11 신앙의 변호 ❶ ——— 237

chapter 12 신앙의 변호 ❷ ——— 263

chapter 13 신앙의 변호 ❸ ——— 289

chapter 14 변증 우화 ——— 311

추천의 글
모든 생각을 사로잡아(Every Thought Captive)

존 프레임(John M. Frame)

변증학/조직신학 부교수,
웨스트민스터신학교 Westminster Theological Seminary

리차드 프랫(Richard Pratt)은 아직 젊은 나이임에도 큰 일을 해냈습니다. 아직 신학대학원을 졸업하지는 않았지만, 그는 수년간 목사로 일해 오면서 웨스트민스터신학교 (가장 유능한 학생들을 위한) 우수학생 프로그램(the Honors Program)에서 공부하고 있습니다. 여기 그가 기독교 변증에 관심 있는 젊은이들을 훈련시킬 목적으로 책을 한권 썼는데, 그가 섬기고 있는 교회의 젊은 사람들 사이에서 이미 검증을 거친 책입니다. 이 책은 여러 면에서 뛰어난 책이며 앞으로도 이 책의 저자로부터 많은 좋은 작품들이 나올 것이라고 기대하게 만듭니다.

이 책의 출간이 반가운 이유를 세 가지로 들 수 있겠습니다. 첫째로 이 책은 개혁주의(혹은 "반틸주의(Van Tillian)") 변증학을 일반적인 언어로 아주 잘 표현해 내었습니다. 이러한 시도들이 이전에도 있긴 하였지만 이전에 있었던 그 대부분의 "대중화(popularizations)"들의 경우 중요한 대목에서는 다시금 철학적인 용어를 사용할 수밖에 없었습니다. 그것도 언짢을 만큼 불명료한 철학적 용어를. 반틸(Van Til)의 용어를 사용하지 않고서는 반틸의 사상을 정확하게 표현해 낼 수 없다는 일반적인 통념 역시 문제의 한 부분으로 작용해 왔는데, 그러한 통념이 반틸 사상들의 보급, 수용, 그리고 사용을 저해해왔다고 할 수 있습니다. 이와 같은 측면에서 프랫(Pratt)의 책은 일종의 돌파구와도 같은 것이라 하겠습니다. 나는 이 책이 널리 읽히기를 기대하고 바랍니다.

둘째로, 이 책은 단순히(이미 많이 나와 있는) 반틸 사상의 해설서가 아니라 훈련용 교본입니다. 개혁주의자들은 일반적으로 변증학을 실천하기 위해 서로를 훈련시키는 일에 약합니다. 우리는 대개 이론들을 잘 설명하고 그리곤 그것이 스스로 실천적으로 작용하기를 바랍니다. 그러나 이러한 태도는 종종 개혁주의 변증학을 학자들의 전유물로만 머물러 있게 했습니다. 그래서는 안 될 것입니다. 반틸의 통찰력은 삶을 변화시키고 세상을 변화시키는 것입니다. 이제는 재능 있는 변증가들이 그들의 친구들에게, 이웃들에게 그리고 문화의 전체 여론형성 과정에 성경의 주장을 강조하기 위해 활발히 움직여야 할 때입니다.

마지막으로, 이 책은 대학생들에게 적합합니다. 누군가가 개혁주의 변증학을 그러한 수준에서 가르치고자 애써왔다는 사실은 놀랄 만한 일입니다. 그러나 프랫이 그것을 해냈습니다. 젊은이들과 소통하는 그의 재능은 매우 뛰어납니다. 그는 그것이 가능하다는 것을 입증했고, 그것이 가능하다면 그것은 실행되어야만 합니다. 대학교 시절은 무엇을 믿고 왜 믿는지를 분명히 하기에 이상적인 시기입니다. 지적인 토론에 적합한 형태의 훌륭한 질문들이 나오는 시기입니다. 대학생들은 기독교 신앙에 대한 "이유들"을 확인하는 데에 지대한 관심을 가지고 있으며 엄청난 열정을 가지고 자신의 친구들을 효과적으로 전도할 수 있습니다. 우리들 중 많은 이들이 이 시기에 처음으로 성경이 생생하게 와 닿았고 기독교가 진리라는 것을 알게 되었으며, 구세주 되시는 그리스도를 알지 못하는 친구들에 대해 처음으로 염려하게 되었다고 간증하고 있습니다. 변증적 토론들은 그 시기에 또 다른 종류의 신나는 일이 될 수 있습니다. 만일 교회가 젊은 친구들의 그러한 열정과 대단한 능력들을 활용하지 못한다면, 많은 젊은이들을 잃게 될 것입니다.

그러므로 나는 『모든 생각을 사로잡아』(Every Thought Captive)의 출간을 보게 된 것을 매우 기쁘게 생각합니다. 개혁주의 변증학을 신학대학원 교실로부터 대학교뿐 아니라 세상에로 전달하는 분기점이 될 수 있을 것입니다. 우리 주권의 하나님께서 그 일을 이루시기를 간절히 바랍니다.

작가의 말
모든 생각을 사로잡아 그리스도에게 복종하게 하니…

리차드 프랫(Richard L. Pratt JR.)

고린도후서 10장 5절에서 사도 바울은 사도로서의 자신의 사명을 다음과 같이 기술하고 있습니다.

> 모든 이론을 무너뜨리며 하나님 아는 것을 대적하여 높아진 것을 다 무너뜨리고 모든 생각을 사로잡아 그리스도에게 복종하게 하니

이 구절에서 바울은 내가 본 교본의 기초로 삼은 두 가지 목표에 대해 설명하고 있습니다. 하나님과 그분의 말씀을 사랑하는 자들로서 그리스도 안에 있는 신자들은 "모든

이론을 무너뜨리며 하나님 아는 것을 대적하여 높아진 것을 다 무너뜨려야" 합니다. 불신자들은 하나님을 아는 지식을 어떤 다른 개념들로 대체하고자 집요하게 노력합니다. 하지만 기독인들은 삶의 모든 영역에서 하나님을 인정하는 것의 중요성을 잘 인식하고 있기에 그러한 대용물(代用物)에 대해 이의를 제기하고 그것들을 무너뜨리는 일에 힘씁니다. 사랑의 하나님은 인간에 의해 생산된 모든 우상들을 훼파하도록 우리를 독려하십니다. 더욱이 신자들은 자신들이 단순히 불신앙의 타락상이 주장하는 바를 인정하지 않는 것으로 만족할 수 없다는 것을 잘 알고 있습니다. 그들은 실천을 통하여 "모든 생각을 사로잡아 그리스도에게 복종하게" 해야 합니다. 비기독인들은 하나님께 대항하는 반란과 죄가 가져온 결과와 현실로부터의 구원을 필요로 하고 있습니다. 이러한 구원은 오직 그리스도께 대한 진심어린 신앙과 전념으로부터 나옵니다. 이러한 신앙을 갖게 되면 한때 하나님의 대적자였던 사람의 생각은 "그리스도에게 복종하게" 됩니다. 본 교본을 통해 나는 신자들에게 이 두 가지 임무에 대한 지침을 주고자 하였습니다. 우리는 전쟁의 한복판에 서 있습니다. 그러므로 우리는 자신들의 허망함과 무익함을 드러낼 뿐인 모든 이론을 파하고 모든 생각을 사로잡음으로써 우리의 임무를 완수해야 합니다.

기독교 변증학을 주제로 하는 많은 책들이 이미 출간되었습니다. 그럼에도 같은 주제에 대한 책을 또 출간하는 당위성을 제시해야 할 것 같습니다. 이 교본은 전혀 독창적인 내용을 말하고 있지 않습니다. 내 의도는 기독교의 변호에 대한 새롭고 독특한 접근법을 고안해내는 것이 아니었습니다. 이 교본은 얼른 보기에도 코르넬리우스 반틸(Dr. Cornelius Van Til) 박사의 업적에 힘입고 있음을 분명히 알 수 있습니다. 많은 그의 책들에 크게 의존하였기 때문에 특별히 어떤 경우에 그를 따랐는지를 언급하는 것은 불필요한 일일 것입니다. 본 교본에 기울인 나의 모든 노력에 있어서 나는 의심할 나위 없는 우리 시대 최고의 기독교 변증가인 반틸 박사에게 감사를 표합니다.

만일 이 교본이 책장의 한 칸을 차지하게 된다면 그것은 이 책이 접근법에 있어서 철저히 성경적이며 그 표현에 있어서는 일반적이고자 했기 때문일 것입니다. 나는 이 주제에 대해 우리가 접할 수 있는 대부분의 가치 있는 글들이 보통 사람들이 이해하기에는 너무 어렵게 되어 있다는 사실을 늘 마음에 두어왔습니다. 일반인들의 수준에 맞춤으로써 본 교본이 나의 동료 신자들 절대 다수에게 기독교의 성경적 변호의 기본적인 요소들이 간결해지고 명확해졌기를 바랍니다.

이 교본은 13과에 걸친 지침들과 열네 번째 과에 실린 실제적 사례로 나누어집니다. 이렇게 구성한 것은 교회학교나 성경공부 프로그램에서 사용될 수 있게 하기 위해서입니다. 각 과는 앞선 과의 내용을 토대로 하기 때문에 과의 순서에 따라 공부해야만 합니다. 반영과 토론을 위해 복습문제를 매 과의 마지막 부분에 실었습니다.

이들 각 과들을 통해서 내가 바라는 바가 적지 않습니다. 이 교본이 불신자들에게 그리스도의 복음을 전달하는 일에 효과적이고도 설득력 있는 방식으로 사용되기를 기도합니다. 더욱이 이 교본이 그리스도 안에서의 구원을 선포함에 있어서 신자들을 강하게 하고 그들에게 확신과 용기를 가져다 주게 되기를 갈망합니다. 끝으로 본 교본의 표현들은 초보자들에게 적합한 것이므로 본 교본을 통하여 장차 나보다 훨씬 더 유능한 사람들이 기독교 변호를 위해 배출되어 어떻게 하면 보다 잘 모든 생각을 사로잡을 수 있는지를 가르칠 수 있게 되기를 소망합니다.

모든생각을사로잡아 | chapter 01
확고한 기초

그러므로 누구든지 나의 이 말을 듣고 행하는 자는
그 집을 반석 위에 지은 지혜로운 사람 같으리니
비가 내리고 창수가 나고 바람이 불어
그 집에 부딪치되 무너지지 아니하나니
이는 주초를 반석 위에 놓은 까닭이요

마태복음 7:24-25

chapter 01
확고한 기초

> 너희 마음에 그리스도를 주로 삼아 거룩하게 하고 너희 속에 있는 소망에 관한 이유를 묻는 자에게는 대답할 것을 항상 준비하되 온유와 두려움으로 하고(벧전 3:15)

성경이 말하고 있는 순종하는 삶은 확고한 토대 위에 세워진 집과 같습니다. 산상수훈의 마지막 부분에서 예수는 다음과 같이 말씀하셨습니다.

> 그러므로 누구든지 나의 이 말을 듣고 행하는 자는 그 집을 반석 위에 지은 지혜로운 사람 같으리니 비가 내리고 창수가 나고 바람이 불어 그 집에 부딪치되 무너지지 아니하나니 이는 주추를 반석 위에 놓은 까닭이요 나의 이 말을 듣고 행하지 아니하는 자는

그 집을 모래 위에 지은 어리석은 사람 같으리니 비
가 내리고 창수가 나고 바람이 불어 그 집에 부딪치
매 무너져 그 무너짐이 심하니라(마 7:24-27)

예수님은 한 집이 억수같은 비와 강한 바람을 견뎌낼 수 있는지를 결정하는 것은 그 토대의 힘에 달려 있다는 이 명백한 사실을 지적하셨습니다. 사람이 모래 위에 지은 집은 무너지고 말 것입니다. 그러나 굳건한 반석 위에 그 집을 짓는다면 그 어떤 격렬한 폭풍우에도 굳건히 서 있을 것입니다. 우리는 이제부터 집을 짓는 작업에 들어가기로 하겠습니다. 그리고 불신앙의 바람과 비가 우리가 지은 집을 강타해 오더라도 우리의 토대가 그리스도의 말씀이라는 굳건한 반석임을 명심하면서 안심할 수 있을 것입니다.

그런데 기초를 놓기 이전에 어떤 종류의 "집"을 우리가 지을 것인지를 먼저 아는 것이 현명한 일일 것입니다. 그렇다면 이제 기본적인 사항으로부터 시작해 봅시다.

A. '변증학'의 집

'변증학(apologetics)'이란 말은 자주 오해되어 왔습니다. 일반적으로 이 말은 우리가 사랑하는 사람이나 친구에게 잘못을 저질렀을 때 "미안합니다"라고 해야 하는 경우를 연상시킵니다(역자주-영어권에서 'apologize'는 정중한 사과의 의미로 사용된다). 일상적인 대화에서 '사과/변호(apology)'라는 말이 이렇게 사용되고 있긴 하지만 우리는 보다 제한되고 전문적인 의미에서 이 말을 사용하도록 하겠습니다. '변증학'이란 단어는 헬라어 APOLOGIA에서 유래된 단어군(apology, apologize 등)에 속한 말로 고대 이교도와 기독교 문헌, 특별히 신약 성경에서 자주 사용되었습니다. 소크라테스의 변명(Apology of Socrates)은 그가 아테네의 법정에서 행했던 변호(defense)의 기록입니다. 저스틴 마터(Justin Martyr)도 그의 책 『변호』(Apology)에서 불신의 세상이 던진 그릇된 비난으로부터 그의 동료 기독인들을 변호하려(defend) 했습니다. 예루살렘의 폭도들 앞에 선 바울은 말하기를 "내가 지금 너희 앞에서 변명(APOLOGIA)하는 말을 들으라"고 했습니다(행 22:1). 이런 의미에서 '변명한다(apologize)'는 것은 변호의 말을 하는 것을 뜻하고 '변명(apology)'이란 제시된 변호를 뜻합니다. 그리고 '변증학(apologetics)'은 변증(defense)의 용법 그리고 그 전개와 직결된 학문이라 할 수 있습니다.

여러 가지 모양으로 변증학은 이 세상의 많은 철학과 종교에 있어서 관심 분야가 됩니다. 그러나 우리는 여기에서 신약과 구약 성경에서 인간에게 계시된 기독교의 진리를 변호하는 일에 그 초점을 맞추도록 하겠습니다. 이런 종류의 변증학은 '기독교 변증학(Christian Apologetics)'이라고 불리는데 이유는 이것이 "비기독교적 생활 철학의 여러 형태에 대항하여 기독교적 생활 철학을 옹호하는" 작업이기 때문입니다.[1] 우리의 관심은 일반적인 변증학에 있는 것이 아니라 특별한 종류의 변증학에 있습니다. 위에서 말했던 비유를 사용하자면 우리가 짓고자 하는 집은 기독교 변증학의 집인 것입니다.

B. '성경적 변증학'의 의미

우리 삶의 모든 영역의 배후에 있어야 할 확고한 기초를 말씀하신 예수님은 무엇인가 특별한 것을 염두에 두고 있었습니다. 죄와 파멸이라는 격렬한 폭풍우를 버텨낼 수 있기 위해 우리가 필요로 하는 힘을 줄 수 있는 유일한 기초는 당신의 말씀이라고 했습니다. 신구약 성경은 바로 하나님의

---

1) Cornelius Van Til, *Apologetics*(Class syllabus), p. 1.

말씀입니다. 모든 기독인의 공통된 고백은 이것입니다.

> 모든 성경은 하나님의 감동으로 된 것으로 교훈과 책망과 바르게 함과 의로 교육하기에 유익하니 이는 하나님의 사람으로 온전케 하며 모든 선한 일을 행하기에 온전케 하려 함이라(딤후 3:16-17)

성경은 모든 신자들에게 절대적인 권위의 지침서입니다. 성경이 없다면 우리는 하나님의 마음을 단지 추측하려 하게 될 뿐일 것입니다. 그러나 성경 때문에 우리는 생활의 모든 영역에서 하나님의 지시 사항들을 확실히 그리고 분명히 알게 됩니다. 시편 기자와 같이 이렇게 고백할 수 있습니다.

> 주의 말씀은 내 발의 등이요 내 길에 빛이니이다(시 119: 105)

이렇게 기록된 말씀을 모든 점에서 확증하고 있는 당신의 선포된 말씀이 우리가 지어야 할 집의 유일한 기초임을 예수께서 말씀하셨던 것입니다. 성경은 기초인데 이것이 없으면 우리의 모든 수고가 폐허로 무너져 버리고 맙니다(그림 1을 보라).

그림1

성경이 변증학의 기초로서의 역할을 한다고 말하는 것만으로는 충분치 않습니다. 왜냐하면 경험이 없는 신자라 할지라도 변호의 때에 성경의 권위가 가장 중요한 요소 가운데 하나라는 것 정도는 알고 있기 때문입니다. 기독교 신앙에 대한 엄청난 비난들은 성경을 그 표적으로 하여왔습니다. 성경은 오류를 내포하고 있거나 아니면 다른 문헌들과 비교할 때 비슷한 권위밖에 소유하고 있지 않다고 비난합니다. 성경에 대한 믿음을 변호할 필요성이 빈번히게 대두되는데 이로 인해 성경과 변증학의 관계가 자주 오해를 받곤 합니다. 성경은 변증되어야 할 우리의 신앙 가운데 하나이지만 동시에 우리의 변증이 이루어지는 기초가 되어야 합니다. 우리는 매우 자주 성경이 차지하는 이 이중적 역할을 망각합니다. 선의(善意)의 기독인들도 성경이 지닌 이 기초석(基礎石)적 성격을 놓쳐버리고 단순한 인간의 지혜와 논리 위에 변증 활동을 하곤 합니다. 말하자면 성경 말씀이 그들의 사고 구조의 지붕 위에 놓이게 되고 변증학으로 보조를 받게 되는 경우입니다. 그러나 인간의 지혜가 궁극적인 권위가 되고 성경이 그 위에 놓인 구조로 성경을 지지하는 일은 심각한 어려움에 봉착하게 됩니다. 그런 집의 건축자는 그러한 사실을 애써 외면한 채 다른 이유를 댈 수도 있을 것입니다, 하지만 결국 파멸은 불가피합니다. 이유는 그 집이 모래 위에 세운 집과 같기 때문입니다(그림 2를 보라).

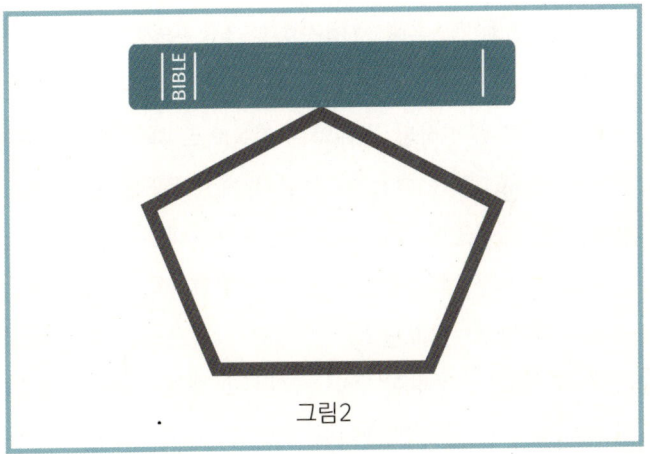

그림2

그리스도를 추종하는 우리는 성경의 확고한 기초 위에 기독교 신앙을 변호해야 함을 명심해야 합니다. 그렇게 한다면 지탱하지 못할 중량도 없게 될 것이고 견뎌내지 못할 강풍도 없게 될 것입니다.

그래서 우리는 성경적 변증학을 임금과 그 신하들과의 관계에 비교할 수 있을 것 같습니다. 임금을 보호하는 것이 신하들의 책임이듯이 변증학의 임무는 성경을 변호하는 것입니다. 그런데 훌륭한 신하라면 임금 자신의 지시와 명령에 따라 임금을 보호하려고 할 것입니다. 그렇다면 변증학도 성경을 변호함에 있어서 거기에 계시된 지시 사항과 변증적 원리에 전적으로 순복해야만 합니다.

변증학에 있어서 성경의 지도적 역할은 베드로전서 3장 15절이 "너희 마음에 그리스도를 주로 삼아 거룩하게 하고 너희 속에 있는 소망에 관한 이유를 묻는 자에게는 대답할 것을 항상 준비하되 온유와 두려움으로 하고"라고 분명하게 보여주고 있습니다. 이 구절의 이전 문맥을 보면 베드로는 모든 기독인이 통과해야 할 고난에 대해서 말하고 있습니다. 죄악된 세상의 공격들로 인해 고난을 당하는 순간이 우리가 그 모든 고난 가운데서도 그리스도를 섬기고 그분을 의지하고 순종해야 한다는 사실을 쉽게 망각한다는 점을 베드로는 잘 알고 있습니다. 베드로는, 대적자들이 물어오는 질문들에 대해서 베드로서의 수신자들이 온당한 대응을 할 수 있을 것을 기대하면서, 그리스도에 대해 온전한 태도를 가짐으로써 그들에게 닥칠 고난에 대비하라고 알려주고 있습니다. 우리는 이 구절에 기록된 내용들의 순서에 주의해야 합니다. 첫째, 베드로는 "너희 마음에 그리스도를 주로 삼아"라고 했습니다. 그리고 "대답할 것을 항상 예비하되"라고 합니다. 변호에 앞서서 우리는 모든 삶의 영역을 다스리시고 통치하시는 그리스도를 주로 구분해야 합니다. 그리스도를 주로 모시는 일이 우리 마음에 일어나야 함을 주목하십시오. 그런데 이 말은, 현대적 개념의 영향 아래에서 우리가 흔히 잘못 생각하는 것처럼, 우리의 감정은 그리스도께 머무름으로 인해 안정감을 얻는 반면 우리의 이성은 변증학에 있어서 마음대로 행할 수 있도록 자유 한다는 것을 의미하지 않습니다. 즉 그리스도의 주님 되심(Lordship)이 우리의 내면 깊은 곳에서만 머물면서 세상이 던지는 질문에 답하는 일에는 아무런 영향을 미치지 않는다는 뜻이 아닙니다. 성경은 말하기를 마음이란 "생명의 근원이 이에서 나는" 인격의 지성소라고 했습니다(잠 4:23). 우리 마음에서 행하는 일은 우리의 감정뿐 아니라 이성을 포함한 우리 생활의 모든 국면을 다스리고 있습니다. 더구나 그리스도를 주로 삼아 우리 마음에 거룩하게 한다는 것은 그의 주님 되심이 신앙을 변호하는 일을 포함한 우리의 외적 기능의 모든 곳에서도 영향을 미침을 뜻합니다. 따라서 베드로에 의하면 그리스도의 권위에 복종하는 것은 온전한 변증을 위해서 필연적인 것입니다. 주님이신 그리스도는 우리가 신앙을 변호할 때에도 우리를 인도하실 분이십니다. 당신의 말씀을 통해서 우리를 지도하실 것인데 그런 지도하심이 없다면 모든 것이 수포로 돌아갈 것입니다.

이제부터 우리는 성경이라는 굳건한 반석 위에 확고히 기초한 기독교 신앙의 변증을 수립하는 일에 집중하려 합니다. 기독교 진리를 변호하는 일에 있어서 여러 가지 상이한 접근법을 다루는 책들은 무궁무진합니다. 이런 다양성은 가끔 신자를 당황하게 만들기도 합니다. 이런 혼돈 속에서라도 한 가지 분명한 것이 있습니다. 유명한 사람이 어떤 방법을 사용하기 때문에, 혹은 그것이 많은 실효를 보았기 때문에, 아니면 개인적으로 신앙에 활력을 주었기 때문에 그런 어떤 방법을 채택하기보다는 우리는 성경이 보여주는 원리에 따른 접근법을 추구해야 한다는 것입니다. 함락되지 않고 굳건히 서 있을 수 있는 변증을 원한다면 우리는 반드시 하나님의 말씀 위에서 행해야 합니다.

C. 변증학의 중요성

변증학 연구와 기독교 진리를 올바로 변호할 수 있는 능력을 기르는 일은 모든 신자들의 의무입니다. 노인과 청년, 부자와 빈자, 천재와 둔재에 이르기까지 구원 얻기 위해 그리스도를 신앙하는 사람이라면 변증학을 연구해야 할 의무가 있습니다. 그럼에도 선의의 기독인들 가운데서도 이런 의무를 심각하게 다루는 일을 등한히 여기는 경우가 있습니다.

변증학을 소홀히 하는 한 가지 대중적인 이유를 들자면 마태복음 10장 19절에 있는 예수님의 말씀을 오해하는 데서 비롯됩니다.

> 너희를 넘겨줄 때에 어떻게 또는 무엇을 말할까 염려하지 말라 그 때에 할 말을 주시리니(마 10:19)

이 구절로부터 심각하게 잘못된 이해가 전개되었는데, 특별히 흠정역(KJV)은 "무엇을 어떻게 말할까 생각도 하지 말라(give no thought)"라고 오역을 하기도 했습니다. 이 구절은 신앙을 변호함에 있어서 성령께 완전히 의지하는 일이 마치 예비적인 연구에 대한 모든 필요성을 제하여 버리는 것임을 의미하는 것처럼 종종 인용되고 있습니다. 실제로 변증학을 연구하는 것은 하나님께 완전히 복종하는 신앙이 결여된 것으로 간주되기까지도 합니다. 이 구절을 그렇게 해석하는 것은 본문 자체뿐 아니라 성경 전체에 대한 사려 깊은 연구가 결여된 결과입니다.

우선 예수님은 우리가 흠정역 번역을 읽을 때 느끼는 것처럼 "무엇을 말할 것인지를 생각하지 말라"고 말씀하고 계시지 않습니다. 보다 최근의 번역이 보여주고 있는 것처럼 예수님은 여기에서 염려와 두려움에 대한 경고의 말씀을 주고 있는 것입니다. 마태복음 10장 19절에 선행되고 있는 구절에서 예수님은 제자들이 총독들과 임금들 앞에 끌려갈 것을 말씀하고 있습니다. 그런 사람들 앞에 서는 것은 두려운 경험이 될 수가 있기 때문에 예수님은 제자들에게 미리 염려와 두려움을 버리라고 격려하고 있는 것입니다. 신앙을 변호하는 모든 이들에게서 두려움은 사라져버리고 말 것인데 이유는 그들이 홀로 서게 될 것이 아니기 때문입니다. 예수님은 말씀하시기를 하나님의 성령께서 필요의 순간에 그들에게 힘과 지혜를 주실 것이라고 하였습니다. 바울은 말하기를 "내가 처음 변명할 때에 나와 함께한 자가 하나도 없고… 주께서 내 곁에 서서 나에게 힘을 주심은…"이라고 했습니다(딤후 4:16-17). 그러나 중요한 것은 이러한 성령의 강건케 하시는 역사가 성실한 연구와 준비를 대치하는 것이 아니라는 점입니다. 의복과 음식에 대해서 우리가 염려하지 말아야 할 것이지만(마 6:25이하 참고), 동시에 우리가 이 것들을 획득하기 위해서 일할 것을 명령하고 있습니다. 마찬가지로 우리는 준비라는 의무를 감당해야 하는 것입니다. 베드로는 기록하기를 "대답할 것을 항상 준비(예비)하되"라고 했습니다(벧전 3:15). 따라서 이 일에 게으른 사람은 그리스도의 주님 되심에 복종하는 일과 성령에 의존하는 일에 실패하는 사람인데 이유는 올바른 복종과 의존은 사려 깊은 변증학 연구로 이어질 것이기 때문입니다.

변증학 연구를 소홀히 하게 되는 또 하나의 이유를 들자면 신앙을 변호하는 일은 소위 전문가들이 할 일이지 평범한 기독교 신자가 할 일이 아니라고 생각하는 것입니다. 교사나 목사에게는 세련되게 고안된 변증력을 소유할 것이 기대되지만 평신도에게 변증학은 너무 철학적이고 추상적이며 비실제적인 것으로 여겨진다는 점입니다. 심지어 복음전도에 있어서 평신도의 책임을 인정하는 사람들 가운데서도 평신도는 복음을 단순히 전하기만 하면 되고 기독교 신앙의 신빙성에 대한 질문이 제기될 때는 목사나 혹은 '전문가'에게 알리면 된다고 생각하는 사람이 있습니다. 목사나 교사가 대부분의 신자들보다 변증학에 있어서 보다 중한 책임을 지고 있는 것은 사실이지만 모든 신자도 신앙을 변호해야 할 의무를 가지고 있습니다. 우리가 이미 살펴본 베드로전서 3장 15절도 예외는 아닙니다. 모두가 그리스도를 위해 고난을 받아야 하며 모두가 그리스도 안에 있는 소망을 변호할 수 있도록 준비하고 있어야 합니다.

더구나 바울은 모든 신자가 신앙을 변호해야 한다는 점을 분명히 하고 있습니다. 사도인 바울은 특별히 "복음을 변증하기 위하여 세우심을 받은" 인물이었습니다(빌 1:16). 그러나 바울은 변증학의 임무가 자신만의 것이 아님을 알고 있었습니다. 그래서 그는 다음과 같이 빌립보인들에게 말하였습니다.

> 내가 너희 무리를 위하여 이와 같이 생각하는 것이 마땅하니 이는 너희가 내 마음에 있음이며 나의 매임과 복음을 변명함과 확정함에 너희가 다 나와 함께 은혜에 참여한 자가 됨이라(빌 1:7)

바울은 복음 전파로 인해 감금되었습니다. 빌립보의 기독인들은 그런 바울을 외면하지 않았습니다. 이들은 대표자를 선정해 바울에게 선물을 보냈습니다. 사실 이들은 사도인 바울의 사역에 그렇게 함께 참여한 바가 되었기 때문에 바울처럼 '같은 싸움을 경험'을 하고 있었던 것입니다(1:30). 이들이 바울과 함께 나누었던 한 가지 국면은 '복음을 변명하는' 일로 묘사되고 있습니다(1:7). 빌립보인들이 칭찬받고 있는 이유는 그들이 기독교 신앙을 변호하는 임무를 진지하게 받아들였기 때문이었습니다. 이렇듯 모든 신자가 기독교를 변호하는 일에 참여하는 것은 하나님의 말씀에 의해 권장되고 있는 것입니다. 변증학은 몇몇 소수를 위한 것이 아니라 모든 이들을 위한 것입니다.

변증학의 중요성은 여러 가지 다른 점에서도 보일 수 있습니다. 우리가 믿는 바를 변증할 수 있는 능력은 복음전파에 더욱 효과적일 수 있습니다. 여러 가지 질문에 답할 수 있는 능력을 갖추고 있다면 우리 이웃이나 친구들에게 기독교를 전하는 일을 두려워하지 않아도 될 것입니다. 우리가 신앙을 변증할 수 있는 능력을 갖춘다면 상당히 지적인 불신자도 두려워할 필요가 없습니다. 복음전도에 대한 열정은 변증학을 공부함으로 인해 더욱 커지게 될 것입니다. 더구나 복음을 듣는 사람은 떠오르는 의문에 대한 올바른 대답을 들음으로 해서 그의 의심이 사라질 수도 있는 일입니다. 더 나아가 성경적인 변증학은 신자의 신앙을 강화시켜 줍니다. 적지 않은 신자들이 반복되는 의심으로 괴로워합니다. 이런 의심은 자주 그리스도를 섬길 수 있는 그 잠재력을 둔화시키는 결과를 낳기도 합니다. 변증학은 신자로 하여금 그들을 불충하게 만드는 많은 유혹들을 물리칠 수 있도록 해 줍니다. 이런 능력을 소유한다면 신자는 봉사와 배움에 있어서 산적해 있는 여러 다른 문제도 다룰 수 있게 될 것입니다. 의심의 문제를 한 번도 경험하지 않은 신자라 할지라도 변증학을 공부함으로 보다 순종하는 하나님의 자녀로 살기 위해 필요한 열심과 아울러 더 굳건한 확신을 소유하게 될 것입니다. 그러므로 변증학은 모두에게 큰 중요성을 갖고 있는 주제이며 모두에게 대단한 관심의 대상이 되어야 합니다.

이제부터 우리는 하나님의 말씀에 확고히 기초하여 이 중요한 변증학의 집을 한 벽돌씩 쌓아 가며 지어보기로 하겠습니다. 이런 작업에 있어서 우리의 소망은 한 가지입니다. 신자로 하여금 주님을 섬기는 일에, 주님께 순종함으로 그 나라를 지어 가는 일에, 그리고 잃어버린 자들을 효과적으로 모으는 일에 보다 온전케 하려 하는 바로 그것입니다.

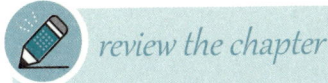
review the chapter

1. 본 교본에 사용될 용어로서 "기독교 변증학"이란 무엇을 의미합니까?

2. 성경과 변증학 사이의 두 가지 관계성에 대해 설명해 보시오.

3. 변증학을 공부하는 것에 반대하여 자주 제기되는 두 가지 반론들은 무엇입니까? 이러한 반론들에 대하여 어떻게 대답할 수 있습니까?

4. 변증학을 공부하여 얻을 수 있는 개인적인 유익들에는 어떤 것들이 있습니까?

5. 베드로전서 3장 15절이 변증학을 공부하는 것과 직접적으로 관련시키고 있는 여러 가지 방법들을 말해 보시오.

모든생각을사로잡아 | chapter 02
모든 것의 시작

이는 만물이 주에게서 나오고
주로 말미암고
주에게로 돌아감이라

로마서 11:36

chapter 02
모든 것의 시작

태초에 하나님이 천지를 창조하시니라(창 1:1)

이전에 우리는 성경이 어떻게 우리의 기독교 신앙 변호와 관계되는지를 살펴보았습니다. 우리는 성경을 연구하면서 그리고 성경에서 발견되는 원리들을 변호의 절차에 적용하면서 우리 신앙의 변호를 전개해야만 한다고 했습니다. 이러한 시각을 견지하려 할 때 고찰되어야 할 몇 가지 요소들이 있는데, 창조에 대한 성경적 개념을 파악하는 일이 그 첫째 요소입니다.

A. 하나님과 창조

성경이 모든 것의 창조주이신 하나님에 대한 타협을 모

르는 선언으로 시작되고 있음은 결코 사소한 일이 아닙니다. 성경은 참 종교의 길을 보여주는 것을 목적으로 하는 종교적 책입니다. 그래서 그 시작하는 명제에서부터 만물의 창조주로서의 하나님을 인정해야 하는 중요성을 분명히 하고 있습니다. 전체 성경이 주와 창조주가 되시는 하나님에 대한 이 한 가지 주제를 상세히 부연하고 있다 해도 과언이 아닙니다. 하나님에 의한 창조가 없었더라면 죄가 들어오기 이전에 사람이 에덴동산에서 살 수도 없었고, 죄로 인한 인간의 타락도 일어날 수 없었으며, 예수의 죽으심과 부활로 인한 구원도 무의미했을 것입니다. 에덴은 하나님과 그 피조세계 사이의 조화로운 관계에 있었습니다. 죄는 곧 피조물이 그 창조주에 대항한 반역이었습니다. 구원은 죄로부터의 해방이며 하나님 앞에서의 피조물의 바른 신분을 의미합니다. 요한은 하나님의 창조적 행위의 이런 근본적인 성격을 말하면서, "만물이 그로 말미암아 지은 바 되었으니 지은 것이 하나도 그가 없이는 된 것이 없느니라"고 하였습니다 (요 1:3).

창세기 1장 1절을 잠시만 생각하더라도 우리는 창조의 행위가 기본적인 구분을 형성하고 있음을 파악할 수 있습니다. 한편으로 창조하신 이가 있는가 하면 다른 한편으로는 그가 창조하신 피조세계가 있습니다. 그 결과 창조주 하나님과 하나님의 피조세계 사이의 구분이 주어집니다. 우리는 이것을 "창조주와 피조물의 구분(Creator-creature distinction)"이라 부르도록 하겠습니다. 이 개념은 이후로 더 탐구되어야 하고 또한 자주 언급될 것입니다. 창조주와 피조물 사이의 구분은 절대로 망각되어서는 안 되고 잠시도 무시되어서는 안 되는데 이유는 이것이 성경적 변증학의 전개에 필수 불가결하기 때문입니다.

1. 모든 것에 독립적이신 하나님

오늘날 기독인들 가운데 하나님을 마치 저 아래 땅위에서 일어나는 기대에 어긋나는 일들을 어쩔 수 없이 지켜보면서 구름 위에 앉아 계신 늙은 할아버지 정도로 생각하는 경우가 있습니다. 하나님이 이루어 줄 수 있는 인간의 욕심이나 희망의 경우를 제외하고는 실제적으로 세상에 있어서는 중요하지도 않고 무용한 분으로 여겨지는 것입니다. 많은 사람들의 생각에 하나님은 세상사의 과정에서 없어도 되는 분 정도로 간주됩니다. "하나님은 개인적인 불상사나 천재지변의 경우에만 필요하신 분이다."라고 사람들은 말하기도 합니다. 아니 하나님 자신을 그 피조세계에 의존하시는 분으로 생각하기도 합니다. 하나님 스스로가 그 행하신 일들을 후회하시기도 하고 똑똑한 인간들의 손에 좌우될 수 있는 분으로 여겨지기도 합니다. 이러한 생각은 교회 내에서도 있어왔지만 결코 성경적인 하나님의 모습은 아닙니다. 하나님은 세상에 의존하시는 노인이 아닙니다. 하나님은 전능하신 창조주이시며 지속적으로 만물을 유지하시는 분이십니다. 로마서 11장 36절이 이러한 사실을 말해 주고 있습니다.

> 이는 만물이 주에게서 나오고 주로 말미암고 주에게로 돌아감이라(롬 11:36)

자세히 살펴보면 이 구절에 채워져 있는 하나님에 대한 지식이 얼마나 풍성한지 깨닫게 됩니다. 첫째로 바울은 모든 피조세계가 "주에게서 나오고"라고 합니다. 즉 하나님은 무로부터 이 만물을 창조하신 것입니다. 피조세계는 스스로 존재하지 않았습니다. 피조세계의 마지막은 "주에게로 돌아간다"라고 합니다. 즉 하나님의 궁극적인 영광과 기쁨이지 인간이나 피조세계를 위함이 아닙니다. 피조세계에 관한 두 번째 내용은 교훈적인데 만물이 "주로 말미암고 있다"는 것입니다. 바울이 이 부분에서 말하고자 하는 것은 하나님이 태초에 창조하심과 어떻게 관련을 맺고 있는가 하는 것이 아니며 또한 마지막에 하나님이 어떤 위치에 있을 것인가에 대한 것도 아닙니다. 바울이 말하고 있는 것은 순간마다 당신의 피조세계를 지탱하고 보존하고 계시는 분으로서의 하나님이십니다. 피조세계는 하나님으로 말미암아 그 존재함을 계속해 나갑니다. 기본적인 요점은 이것입니다. 태초에 창조하시는 능력이었던 하나님은 지금도 보존하시는 능력이십니다. 마찬가지로 하나님이 피조세계에 의해 창조되신 분이 아니신 것처럼 지금도 당신의 피조세계에 의해 지탱되시는 분이 아니십니다. 사도행전 17장 25절에 이렇게 말합니다.

> 또 무엇이 부족한 것처럼 사람의 손으로 섬김을 받으시는 것이 아니니 이는 만민에게 생명과 호흡과 만물을 친히 주시는 이심이라(사도행전 17:25)

매우 분명한 것은 하나님은 피조세계에 의해서 채워져야 하거나 채워질 수 있는 그 무엇을 필요로 하시지 않는다는 점입니다. 왜냐하면 사실은 정 반대의 경우이기 때문입니다. 피조세계의 모든 필요는 하나님에 의해 채워집니다. 이런 의미에서 하나님은 독립적이십니다.

2. 하나님께 의존하는 피조세계

우리는 피조세계에 대해 독립하시는 하나님을 언급함과 동시에 피조세계가 하나님께 전적으로 의존하고 있음을 시인해야만 합니다. 어린아이들은 처음에는 그 부모에 의존하지만 점점 자라면서 부모의 보호에 대한 필요를 느끼지 못하게 됩니다. 갓난아이도 부모 없이 어느 정도는 생존할 수 있습니다. 그런데 피조세계가 하나님에 대해 지니고 있는 의존성은 이런 종류의 의존성이 아닙니다. 피조세계는 그 어떤 순간이나 모습으로라도 하나님의 보존하시는 능력이 없이는 존재할 수 없습니다. 성경은 이것을 여러 곳에서 가르치고 있습니다.

> 이는 만민에게 생명과 호흡과 만물을 친히 주시는 이심이라(행 17:25)

> 또한 그가 만물보다 먼저 계시고 만물이 그 안에 함께 섰느니라(골 1:17)

하나님은 예외 없이 만물을 예속시키시고 예비하시며 지탱하십니다. 대소를 막론하고 피조세계의 모든 국면은 그 존재함이 계속되기 위해서 하나님께 전적으로 의존합니다. 따라서 창조주로서의 하나님에 대한 신앙은 역사를 다스리시는 주님으로서의 하나님에 대한 신앙과 공존해야 한다는 존 칼빈(John Calvin)의 말에 우리는 동의할 수 있을 것입니다. 세상은 그 자체의 힘으로 지탱될 수 없습니다. 모든 존재는 하나님께로서 나오고 하나님께로 말미암습니다. 참으로 우리는 피조세계가 전적으로 하나님께 의존되어 있다고 확신해야 합니다(그림 3을 보라).

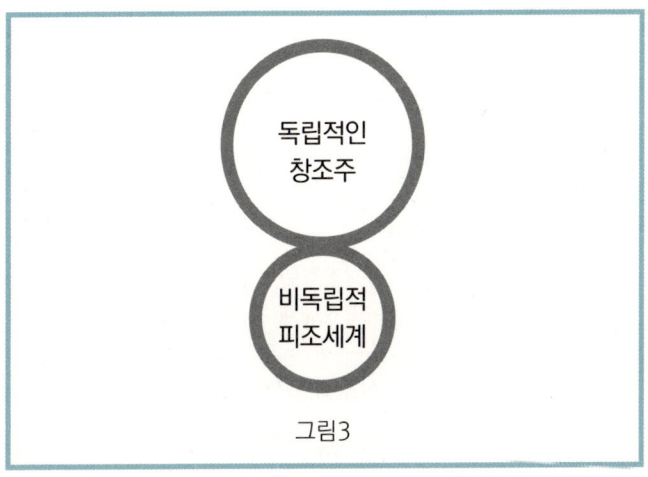

그림3

우리는 앞으로 독립하시는 하나님과 의존하는 피조세계 사이의 구분에 대한 인식이 기독인과 비기독인 사이에 있는 근본적인 차이 가운데 하나라는 사실을 보게 될 것입니다. 기독인은 모든 것들을 하나님께 의존하는 피조세계라는 측면에서 파악하는 반면 비기독인은 피조세계의 의존성을 부인하려 합니다. 이런 저런 모양으로 비기독인은 완강하게 부인하지만 구원을 위해 그리스도를 신뢰하지 않는 사람은 창조주와 피조물 사이의 구분을 이해하지 못하며 또한 하나님과 당신의 피조세계가 상호의존적이라고 보면서 피조세계에 어느 정도의 독립성을 부여합니다. 비기독인들 가운데에는 다양한 의견이 있음에도 불구하고 여기에는 공통된 요소가 있는데 그것은 곧 이들이 창조주와 피조물 사이의 구분을 거부한다는 것입니다(그림 4를 보라).

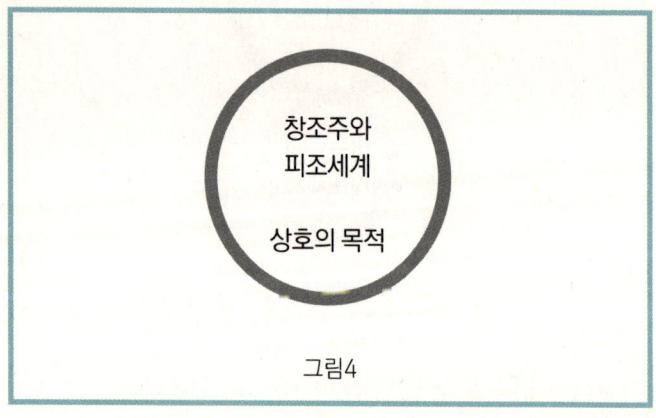

그림4

3. 인간에게 계시된 하나님

우리는 기독인으로서 창조주와 피조물 사이의 구분을 주장함과 동시에 하나님이 당신과 당신의 의지를 인간에게 계시했다는 사실을 망각해서는 안 됩니다. 비록 하나님은 여러 시대에 여러 모양으로 당신을 계시하셨지만 우리는 하나님이 모든 시대에 당신을 계시하기 위해 선택하신 두 가지 기본적인 방법을 유념하도록 하겠습니다.

a. 피조세계의 모든 국면

하나님은 창조된 우주를 기가 막히게 건설하셨습니다. 때문에 그 모든 부분은 인간에게 당신을 계시하도록 되어 있습니다. 세상의 모든 국면은 예외가 없이 하나님을 드러내고 있으며, 하나님의 뜻을 인간에게 드러내고 있습니다.

> 하늘이 하나님의 영광을 선포하고 궁창이 그의 손으로 하신 일을 나타내는도다 날은 날에게 말하고 밤은 밤에게 지식을 전하니(시 19:1-2)

피조세계는 그 모든 영예로 하나님의 영광스러운 특색들을 나타내주고 있으며, 하나님께서 사람으로 하여금 그것들을 보도록 의로운 요구를 하고 있음도 보여주고 있습니다. 바울은 다음과 같이 말했습니다.

> 창세로부터 그의 보이지 아니하는 것들 곧 그의 영원하신 능력과 신성이 그가 만드신 만물에 분명히 보여 알려졌나니… 그들이 하나님께서 정하심을 알고도…(롬 1:20, 32)

타락한 인간은 부인하고 있고 기독인들도 자주 파악하지 못하는 일이지만 성경은 분명히 가르치기를 피조세계의 모든 국면을 통해서 하나님은 분명히 인간에게 계시되고 있고 특별히 인간의 인격적 모습 속에서 더욱 그렇다고 말합니다. 하나님의 계시는 회피할 수 없습니다. 우리는 피조세계의 그 어떤 한 국면도 그 창조주와의 관계 속에서가 아니라면 파악할 수 없습니다. "하늘이 그 의를 선포하니 모든 백성이 그 영광을 보았도다"(시 97:6).

인간이 자신과 자신을 둘러싸고 있는 피조세계를 이해할 수 있는 길은 거기 계시된 창조주와 피조물의 구분을 인정하고 피조세계를 관찰함으로 하나님의 뜻을 보다 분명히 보게 될 때에 가능합니다. 일례를 들자면, 소가 풀을 뜯어먹는 것을 아는 것으로 충분하지 않습니다. 소와 풀에 대한 진정한 이해는 하나님의 섭리적인 능력과 돌보심을 나타내 주며 모든 피조세계를 하나님의 영광을 위해 정복하라는 인간에게 주어진 임무를 나타내 주고 있습니다(창 1:28 참고). 지구와 가장 인접한 별 사이의 거리도 하나님의 계시에 대한 이해가 선행될 때만 진정으로 파악될 수 있는 것입니다. 왜냐하면 우주에 있어서의 광년(light years)의 거리도 단지 하나님의 손가락으로 하신 일로서 인간으로 하여금 그 하나님 앞에서 겸손하고 하나님의 은혜에 감사해야 할 필요를 제시하고 있기 때문입니다(시 8:1-5 참고). 피조세계가 하나님 없이 존재할 수 없듯이 피조세계는 하나님 앞에서 침묵하고 있을 수도 없습니다. 우주에 산재한 사실들을 더 이해하면 할수록, 그 모든 사실들은 하나님과 그 하나님의 뜻을 더욱 계시해 주고 있음을 배우게 됩니다.

b. 하나님의 특별 계시

여러 가지 이유로 하나님은 피조세계에 드러나는 계시와 동반해서 당신의 특별 계시들을 주셨습니다. 에덴동산에서 선악을 알게 하는 나무에 대해서 하나님은 아담에게 들릴 수 있게 말씀했습니다. 족장들에게 꿈으로, 현현으로, 비전으로 당신을 나타내셨습니다. 모세에게 하나님은 불타는 덤불 가운데서 그리고 당신의 돌판 가운데서 말씀하셨습니다.

사도들에게 하나님은 그 아들 예수의 삶과 말씀으로 계시했습니다. 오늘 우리 시대에 하나님은 영감된 성경으로 말씀하십니다.

계시에 있어서 피조세계의 특정한 한 국면의 의미는 다른 모든 국면의 의미를 직접 혹은 간접적으로 밝혀주고 있습니다. 죄가 세상에 들어오기 이전, 인간의 순종의 삶은 특별 계시에 의해 판단 받았습니다. 타락 이후 특별 계시는 그리스도 안에 있는 구원의 길을 보여줌과 동시에 피조세계의 모든 다른 국면에 나타나는 하나님의 뜻과 계시를 인간이 더욱 잘 이해할 수 있도록 하는 이중적 목적을 가지게 되었습니다. 죄는 인간으로 하여금 심판 아래 있게 하였으며 모든 피조세계 내에 계시된 하나님을 인식하지 못하게 했습니다. 그 결과 성경은 이제 우리가 자신들과 세상 그리고 하나님을 이해하기 위한 수단이 되었습니다.

> 모든 성경은 하나님의 감동으로 된 것으로 교훈과 책망과 바르게 함과 의로 교육하기에 유익하니 이는 하나님의 사람으로 온전하게 하며 모든 선한 일을 행할 능력을 갖추게 하려 함이라(딤후 3:16-17)

하나님의 성경 계시는 우리를 참 지식으로 이끌기 위해

주어졌습니다.

    피조세계와 성경에 나타나는 하나님의 계시는 창조주와 피조물 사이의 철저한 구분을 말하고 있습니다. 앞으로 살펴 볼 것이지만 그러한 구분이 인간에 의해서 인정될 수 있고 인정되어야만 함을 보여주는 근거들 가운데 하나가 바로 하나님의 계시입니다(그림 5를 보라).

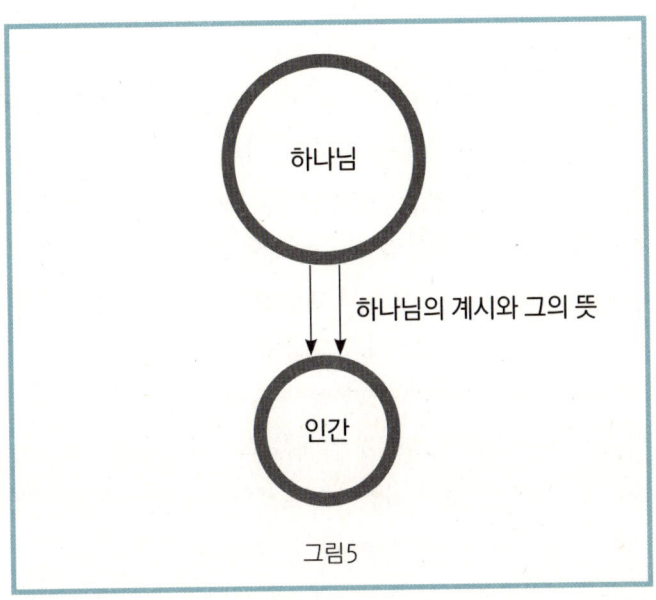

그림5

B. 하나님에 대한 인간의 의존성

시편 기자는 우리가 누구인지를 알라고 이렇게 지적해 주고 있습니다.

> 여호와가 우리 하나님이신 줄 너희는 알지어다 그는 우리를 지으신 이요 우리는 그의 것이니…(시 100:3)

인간은 다른 피조세계와 마찬가지로 하나님께 의존하고 있는데 이유는 하나님이 창조하셨고 하나님이 그 존재를 지속시키고 계시기 때문입니다. 인간은 하나님의 창조적 활동의 면류관이지만 그럼에도 피조물로서 흙으로 돌아갈 것이었습니다(창 2:7). "우리가 그를 힘입어 살며 기동하며 존재"함으로(행 17:28) 하나님 없이 우리는 아무것도 아닙니다. 인간이 소유한 모든 것은 하나님이 주신 것입니다. 피조세계의 모든 부분과 마찬가지로 하나님이 그 손을 떼어버리시면 우리는 계속해서 존재할 수도 없게 되고 맙니다. 우리가 존재하는 이유는 전적으로 하나님의 뜻에 의한 것입니다. 하나님에 대한 인간의 전적인 의존성은 많은 의미를 지니는데 그 중에서도 변증학의 차원에서 특별히 중요한 두 가지 국면이 있습니다.

1. 인간의 의존적 지식

창조주와 피조물의 구분은 인간 자신과 그 주위를 둘러싸고 있는 세계와 그리고 하나님을 알 수 있는 인간의 능력에 영향을 미치고 있습니다. 이후 계속되는 논의에서 우리는 특별히 죄가 인간의 지식의 영역에 미친 영향을 자세히 다루게 될 것입니다. 하지만 우선 인간의 지식에 대해서 보다 일반적인 의미에서 다루는 일 또한 중요합니다. 이미 살펴본 바와 같이, 인간은 하나님께 완전히 의존적입니다. 이는 인간의 지식을 포함하는 말입니다. 피조세계와 자신에 대한 하나님의 지식은 독립적이지만 인간의 지식은 의존적입니다. 시편기자는 이렇게 노래합니다.

> …주의 빛 안에서 우리가 빛을 보리이다(시 36:9)

성경과 피조세계를 통한 하나님의 계시가 배제된다면 우리는 결단코 빛을 볼 수 없습니다. 하나님은 모든 것을 아시며 우리는 무엇을 알기 위해서 하나님의 지식에 의존해야만 합니다. 인간이 가지고 있는 참된 지력(知力)은 의도적으로 혹은 비의도적으로 하나님으로부터 기인합니다. 이 사실은 첫 번째 인간에게 있어서 그러했고 오늘까지 그렇게 계속되고 있습니다. 예수님 스스로 이렇게 주장하셨습니다.

> 내가 곧 길이요 진리요 생명이니(요 14:6)

바울은 이를 긍정하면서 이렇게 말합니다.
그리스도 안에는,

> 지혜와 지식의 모든 보화가 감추어져 있느니라(골 2:3)

소위 '종교적인 진리'뿐 아니라 진리라고 불릴 수 있는 모든 것은 하나님께 귀속되는 것이며 인간은 진리의 근원되신 하나님의 자기 계시로 나아올 때에 진정한 지식을 갖게 되는데 이는 인간에게 지식을 교훈하시는 이가 하나님이시기 때문입니다(시 94:10). 나중에 살펴보겠지만 지식의 영역에 있어서 인간이 하나님께 의존한다는 것은 인간에게 생각하고 사고하는 참 능력이 없다거나 컴퓨터가 '아는' 방식으로 인간이 하나님에 의해 '제작'되었음을 뜻하는 것이 아닙니다. 실제로 인간은 사고하지만, 그럼에도 참 지식이 하나님에 의해 인간에게 계시된 것처럼 그것은 하나님의 지식으로부터 기인하고 하나님의 지식에 의존합니다.

2. 인간의 의존적 도덕성

일반적인 지식에 대해서 인간이 하나님께 의존적인 것처럼, 인간은 도덕의 영역에 있어서도 그 방향을 잡는 일에 대해 하나님께 의존합니다. 전통적인 가치와 목적에 대해 이의를 제기하는 시대에 우리는 어떻게 옳고 그름 그리고 선과 악에 대한 구분을 할 수 있을지를 새롭게 묻지 않을 수 없습니다. 이 질문 그리고 이와 비슷한 물음들에 대한 대답을 발견할 수 있는 유일한 길은 다시 한 번 우리가 창조주와 피조물 사이의 구분을 인정하는 일입니다. 창조주이신 하나님은 태초부터 당신이 주신 법 위에 계시는 입법자(law-giver)이시며 그 피조물들이 당신의 법에 순응하기를 원하십니다. "하나님 보시기에 좋았더라"고 말씀하심으로 하나님은 당신이 선악간에 유일한 판단자가 되심을 선언하였고 지금까지도 당신만이 그 권리를 확보하고 계십니다. 아담과 하와에게 하나님은 "선악을 알게 하는 나무의 열매는 먹지 말라"고 하셨습니다(창 2:17). 모세를 향해 하나님은 "나는… 네 하나님 여호와니라 너는 나 외에는 다른 신들을 네게 두지 말라"고 선언하셨습니다(출 20:2, 3). 예수님에 대해서 하나님은 말씀하기를, "이는 내 사랑하는 아들이요 내 기뻐하는 자니 너희는 그의 말을 들으라"고 하셨습니다(마 17:5). 하나님의 판단을 의심할 수 있는 법정은 없습니다. 하나님은 지고(至高)한 판단자이십니다. 도덕에 대해서도 하나님이 선언하시는 것은 모든 인간이 지켜야 할 일입니다. 만일 우리가 선악을 알기 원한다면, 이 점에 있어서도 하나님에 대한 우리의 피조물적인 의존성을 기억해야 합니다.

변증학에 대한 성경적 접근법에 도달하는 일은 쉬운 과제가 아닙니다. 하나님은 창조주이십니다. 그의 피조물인 우리가 올바로 알기를 원하고 정확하게 선택하기를 원한다면, 우리는 하나님의 계시에 완전히 의존해야만 합니다.

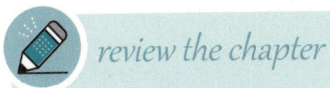
review the chapter

1. 창세기 1장 1절로부터 성경이 시작하고 있다는 사실의 중요성은 무엇입니까?

2. "창조주와 피조물의 구분"은 무엇을 의미합니까?

3. 하나님은 어떻게 독립적이십니까? 그것은 하나님께서 세상과의 접촉이 없다는 것을 의미합니까?

4. 피조세계는 어떻게 하나님께 의존하고 있습니까? 관련 성경구절을 가지고 답해 보세요.

5. 오늘날 하나님께서 자신을 계시하시는 두 가지 기본적인 방법은 무엇입니까? 그 둘 중 다른 하나를 적절히 이해하기 위해서 우리가 필요로 하는 것은 무엇입니까?

모든생각을사로잡아 | chapter 03
타락 이전의 인간의 성격

하나님이 자기 형상
곧 하나님의 형상대로 사람을 창조하시되
남자와 여자를 창조하시고

창세기 1:27

chapter 03
타락 이전의 인간의 성격

하나님이 자기 형상 곧 하나님의 형상대로 사람을 창조하시되 남자와 여자를 창조하시고(창 1:27)

성경적 변증학의 이해는 인간의 성격에 대한 올바른 이해에 기초하고 있습니다. "너 자신을 알라"는 말은 초기 철학의 시대부터 사상가들 사이에 유명한 경구였습니다. 왜냐하면 우리 자신에 대한 지식은 세상에서 우리가 가진 여러 가지 임무를 더욱 잘 감당할 수 있도록 할 것이기 때문입니다. 성경은 세상과 인류의 역사를 세 가지 단계로 보고 있는데 이는 곧 창조, 타락, 구속입니다. 세상은 창조되었고, 죄의 저주 아래로 떨어졌으며, 이제 예수 그리스도의 죽으심과 부활로 구속함을 입었습니다. 이런 세 가지 국면에 따라서 인간의 성격에 대해 세 가지 범주로 검토해 보도록 합시다.

A. 하나님의 형상인 인간

피조세계의 다른 것들과는 달리 인간은 하나님의 형상으로 창조되었습니다(창 1:27 참고). 이 사실이 함축하고 있는 의미는 너무 많아서 여기서 상세히 다룰 수는 없습니다. 그래서 인간이 하나님의 형상으로 지음 받았다는 사실에 대한 중요성에 대해서 간략히 살펴보도록 하겠습니다. 외적으로 인간은 그 육체적 성격이나 능력에 있어서 하나님을 닮았습니다. 내적으로 인간은 오로지 인간만이 할 있는 사고와 추론을 할 수 있으며 또한 인간이 독특하게 하나님의 형상인 것은 결코 소멸하지 않는 영혼을 가졌다는 점입니다(창 2:7 참고). 더구나 창조주와 닮은 점은 인간이 세상에 대해서 왕으로 지배하도록 지음 받았다는 사실입니다. 하나님의 대표자인 인간은 하나님을 섬기는 것을 목적으로 하여 피조세계에 숨어 있는 잠재성들을 계발해내어야 합니다(창 1:27-31 참고).

이런 특징들은 세상의 모든 사람들에게 있어서 어느 정도는 사실이라고 볼 수 있겠지만, 타락하기 이전의 인간은 특별한 방식으로 하나님의 형상 가운데 있었습니다. 죄가 들어오기 이전 인간은 하나님의 완전한 피조적인 형상이었습니다. 원래,

하나님은 사람을 정직하게 지으셨다(전 7:29)

따라서 인간은 죄가 없는 하나님의 형상이었습니다. 에덴동산에서 아담과 하와는 하나님과 조화롭게 살고 있었습니다. 그들은 하나님 앞에서 거닐었고 부끄러움이 없었습니다. 이 상태를 바울은 (특정 능력의) 소유의 관점에서 말하고 있습니다.

이는 자기를 창조하신 이의 형상을 따라 지식에까지
새롭게 하심을 입은 자니라(골 3:10)

다른 곳에서 바울은 아담의 원래 성격으로 회복된 사람에 대해서 이렇게 말하고 있습니다.

하나님을 따라 의와 진리의 거룩함으로 지으심을 받은 새 사람을 입으라(엡 4:24)

이상의 구절들에서 우리는 죄가 세상에 들어오기 이전 인간에게 있었던 두 가지 중요한 자질을 볼 수 있습니다. 첫째, 인간은 "참 지식"(골 3:10)을 소유하고 있었다는 것입니다. 즉 아담과 하와는 지식에 있어서도 창조주와 피조물 사이의 구분을 결코 망각하지 않고 있었습니다. 그들은 진리의 근원 되신 하나님 자신의 계시에 의존하고 있었으며 하나님이 계시하신 진리의 규준(規準)에 그 모든 생각을 순응시키고 있었습니다. 이런 이유로 아담에게는 동산을 지키면서 땅에 있는 짐승들의 이름을 짓는 힘든 의무가 주어졌던 것입니다. 참 지식을 소유하기 위해서라면 그 어떤 상황에서라도 하나님께 순복해야 할 자신의 필요를 의식적으로 느끼고 있었습니다. 이와 동일하게 죄가 있기 이전 진리에 대한 인간의 지식은 그 도덕적 성격과 상응하고 있었습니다. 즉 "의와 진리의 거룩함"을 소유하고 있었습니다. 그가 지음을 받았다는 사실 때문에 아담은 옳고 그른 것은 하나님으

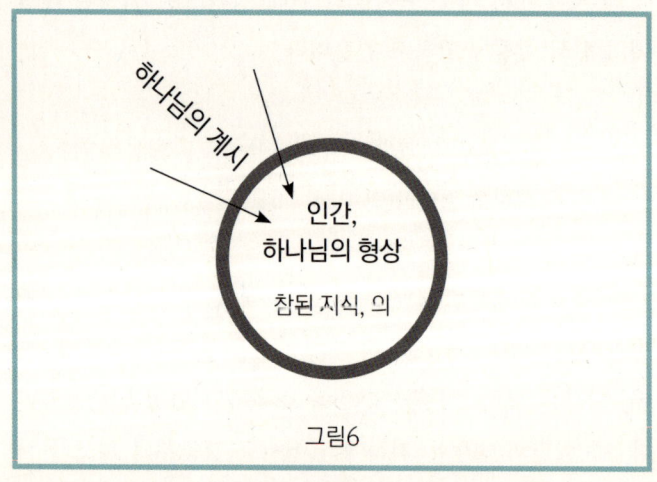

그림6

로부터 배워야 한다는 필요성을 알고 있었던 것입니다. 그러므로 아담과 하와는 하나님이 요구하시는 모든 것에 완전히 순종했으며 하나님과 평화롭게 살았습니다. 가능한 모든 면에서 죄가 있기 이전의 인간은 진리를 알았고 그 진리에 따라 살았던 것입니다(그림 6을 보라).

B. 죄가 없는 것과 유한한 것

죄가 있기 이전에 인간은 하나님의 완전한 형상이었지만 그럼에도 유한한 피조적인 하나님의 형상이었습니다. 즉 하나님은 어디든지 계시지만(왕상 8:27; 사 66:1) 인간은 그 육체성에 있어 유한한 존재로 한정되어 있었습니다. 하나님은 전능하십니다(시 115:3 참고). 그 능력을 넘어서는 것은 아무 것도 없습니다. 물론 최근의 과학기술이 보여주듯이 인간에게도 능력이 있지만 그것은 하나님 앞에서는 비교할 수 없을 만큼 제한된 것이고 약한 것입니다. 마찬가지로 인간의 지식은 제한적이지만 하나님은 모든 것을 완전히 그리고 철저하게 알고 계십니다(욥 37:16; 시 139:12; 잠 15:3; 렘 23:23-24 참고). 히브리서의 기자는 이렇게 말합니다.

> 지으신 것이 하나도 그 앞에 나타나지 않음이 없고
> 우리의 결산을 받으실 이의 눈 앞에 만물이 벌거벗은
> 것같이 드러나느니라(히 4:13)

아담 역시 다음과 같은 이사야의 말에 공감할 수 있을 것입니다.

> 이는 하늘이 땅보다 높음같이 내 길은 너희의 길보
> 다 높으며 내 생각은 너희의 생각보다 높음이니라(사
> 55:9)

정말로 하나님의 지식과 비교할 때 인간의 생각은 단지 '허무함'일 뿐입니다(시 94:11). 그 결과 인간은 하나님에 의해서 계시된 것을 이해하는 일에 국한되어 있고 이러한 불완전한 지식으로 만족해야만 합니다.

> 감추어진 일은 우리 하나님 여호와께 속하였거니와
> 나타난 일은 영원히 우리와 우리 자손에게 속하였나
> 니 이는 우리에게 이 율법의 모든 말씀을 행하게 하
> 심이니라(신 29:29)

인간 지식의 유한성은 더 많은 논의를 필요로 하는 중요한 문제입니다. 비록 아담이 모든 것을 다 알지는 못했지만 그럼에도 그는 참 지식을 소유하고 있었습니다(골 3:10 참고). 자신이 알고 있는 모든 것에 대한 인간의 이해는 자신의 전망, 시간, 그리고 그가 알고 있는 것들 가운데 일어나는 변화에 의해 제한되어 있습니다. 이 같은 인간의 제약성들은 다름 아닌 창조된 질서의 한 부분입니다. 하지만 죄로 타락하기 이전 아담이 가졌던 지식은 계시에 의존해서 하나님으로부터 기인했음을 우리는 명심해야 합니다. 따라서 그가 알고 있었던 모든 것에 대해 아담은 온전하게(truly) 알고 있었는데 이유는 진리의 유일한 근원이신 하나님께 의존하고 있었기 때문입니다. 그러므로 인간이 유한성을 가졌다고 해서 진리를 알 수 없는 것은 아닌 것입니다. 그 지식이 하나님으로부터 도출되는 한, 인간의 지식은 참입니다.

인간은 유한한 존재로 지음 받았기 때문에 아담은 자신이 알 수 없는 신비(mystery) 즉 "오묘한 일"(신 29:29)에 직면할 수밖에 없었습니다. 아담처럼 완전한 인간도 지식의 모든 국면을 깔끔하게 포장된 꾸러미에 담을 수는 없었습니다. 인간의 사고 속에는 인간으로서는 도저히 풀 수 없는 실타래와 같은 난제와 역설(paradoxes)들이 있습니다. 그러나 그러한 신비가 너무 크기 때문에 인간이 가지고 있는 지식은 늘 부적절하며 어떤 확실성도 가질 수 없는 것은 아닙니다. 아담이 가졌던 확실성은 하나님의 계시에 기초하고 있었지 하나님 없이도 알 수 있다는 자신의 능력에 기초하지 않았습니다. 모든 것에 대한 하나님의 완전한 지식은 우리가 하나님께 의존하는 한 우리의 불완전한 지식을 유효하게 합니다.

오늘 우리가 당면하고 있는 그러한 종류의 신비를 하나의 예를 들어 생각해 봅시다. 구주 예수 그리스도의 화육하심은 신비로 가득한 일입니다. 우리가 그의 참 신성과 참 인성을 어느 정도 이해할 수 있는 것은 사실이지만 이 진리의 의미를 보다 깊이 탐구할수록 우리 이해력의 한계에 도달할 수밖에 없습니다. 어떻게 모든 것을 아시는 하나님이신 예수에게 있어서 "그 지혜가 자라갈"(눅 2:52) 수 있었을까? 하나님이신 예수가 어떻게 십자가에서 죽을 수 있었을까? 이런 문제에 답하기 위해 우리가 일종의 노력은 할 수 있겠지만 솔직한 사람이라면 이것들은 우리의 이해력을 초월하고 있음을 인정하게 될 것입니다. 이런 개념들을 모두 이해할 수는 없어도 우리는 예수가 하나님이시며 인간이셨고 지혜가 자라갔으며 십자가에서 죽었다는 것을 확신할 수는 있습니다. 완전한 이해가 불가능하다는 사실이 문제가 되는 것은 아닙니다. 우리의 확실성은 거기에 기초해 있지 않고 하나님의 계시에 의존해 있기 때문입니다.

기독교의 진리를 우리가 이해하면 할수록 모든 성경적 교리의 끝에는 인간 편에서는 그 개념이나 상관관계 등을 완전히 다 이해할 수 없다는 것을 깨닫게 됩니다. 기독교 진리 가운데는 외관상 이율배반적인 것이 많지만 이 때문에 우리가 성경의 가르침을 의심할 수 없는 데는 두 가지 이유가 있습니다. 첫째, 그로 인해 우리는 우리의 유한성을 인식하게 된다는 것입니다. 인간은 그 피조성을 인정하면서 바울과 같이 고백하지 않을 수 없습니다.

> 깊도다 하나님의 지혜와 지식의 풍성함이여, 그의 판단은 헤아리지 못할 것이며 그의 길은 찾지 못할 것이로다(롬 11:33)

둘째, 성경은 우리가 끼워 맞출 수 없다는 이유로 의심의 대상이 되어서는 안 되는데 이유는 그 어떤 것도 신비의 대상이 될 수 없고 우리 생각으로는 조화시킬 수 없는 개념들도 조화를 이루는 하나님의 마음(the mind of God)이 성경계시의 배후에 자리 잡고 있기 때문입니다. 하나님에게는 알 수 없는 신비가 없습니다. 하나님은 모든 것을 완전히 알고 계십니다. 우리가 지식에 관하여 하나님께 의존하는 한 아무리 큰 신비라도 우리를 진리로부터 멀어지게 만들지는 못할 것입니다(그림 7을 보라).

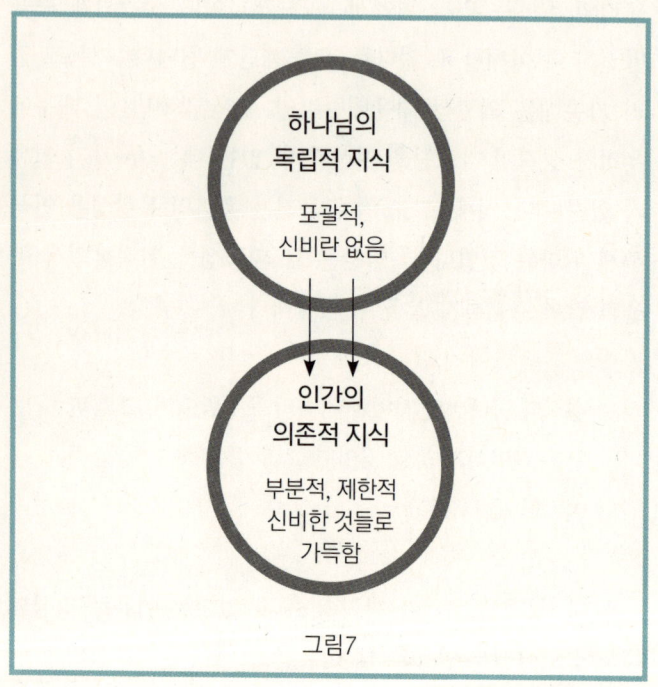

그림7

C. 논리, 하나님 그리고 인간

성경적 변증학의 논의와 적용에서 항상 발생하는 이슈 가운데 하나는 하나님과 인간에 관계된 논리의 역할입니다.

여기에서 우리는 이 문제의 매우 작은 부분만을 다루기로 하고 다른 국면들은 차후에 거론하도록 하겠습니다.

아담은 사고하고 생각하는 피조물로 창조되었습니다. 그래서 그는 동물들과는 구분되었으며 하나님의 지혜를 반영하도록 지음 받았습니다(벧후 2:12; 유 10). 살펴본 바와 같이 에덴동산에서 아담은 자신의 추리 능력을 하나님께 의존하여 사용했습니다. 아담은 하나님의 가르침에 입각하여 사고하였습니다. 비록 덜 발전된 형태이긴 했지만 논리를 사용했으며 이를 하나님께 복종함으로 사용했습니다. 아담은 자신의 논리력이 어떤 독립적인 통찰력을 줄 것이라고 생각하면서 하나님에 대한 자신의 의존성을 무시한 적이 없었습니다. 그 결과 아담의 추론하는 능력의 사용은 언제나 하나님의 계시에 의해 통제되고 인도함을 받았습니다. 아담에게 하나님은 항상 진리의 토대이자 목자였는데 이는 아담이 하나님의 형상 가운데서 죄가 없는 상태에 있었기 때문이었습니다.

죄가 세상에 들어오기 이전 인간의 삶을 통제했던 논리적 추론의 이러한 역할을 고려할 때, 몇 가지를 관찰할 수 있습니다. 첫째, 이성은 그 자체로 악하지 않다는 점입니다. 기독교는 '합리적'이고 '과학적'이어야만 한다고 주장하는 사람들의 공격으로 인해 어떤 기독인들은 그러한 주장에 대처하기 위한 방안으로서 이성과 과학 그 자체를 악한 것으로 보고 거부하고자 하였습니다. 그러나 에덴동산에서 아담도 사용했던 인간 정신의 용도는 악한 것이 아니었습니다. 아담은 자신의 정신을 사용했습니다. 동물들의 이름을 짓고 동산을 돌보았던 것이 아담이었습니다. 물론 인간의 이성이 하나님과는 독립적으로 사용된다면 그것은 거짓과 오류를 불러일으키고 말 것입니다. 그러나 그것이 하나님의 계시에 의존해서 사용된다면 이를 통해 진리가 발견될 것입니다. 이성은 그 자체로 신앙이나 진리에 상반되는 것이 아닙니다.

둘째, 논리 역시 창조주와 피조물의 구분이라는 개념을 넘어서는 것이 아니고 그 안에서 이해되어야 합니다. 우리가 인간 이성의 용도를 말할 때, 논리는 기껏해야 하나님의 지혜와 지식을 반영하고 있을 뿐임을 기억해야 합니다. 비록 성경에서 하나님은 피조적인 이성의 관점으로 자신을 계시하고 낮추시고 있지만, 우리가 이해하고 있는 논리는 하나님을 능가하지도 않고 하나님과 동등하지도 않으며, 또한 하나님의 존재의 일부분도 아닙니다. 가장 세련되고 정교한 형태의 논리라 하더라도 그것 역시도 지음 받은 것으로서 피조세계의 영역에 속한 것이며 하나님의 형상으로서의 인간에 속한 자질이지 하나님 자신의 것은 아닙니다.

논리는 피조세계의 한 부분이기 때문에 그 한계를 가지

고 있습니다. 우선 논리는 항상 변화하고 발전하는 체계라는 것입니다. 실제로 어떤 점에서 서로 상치되고 있는 여러 가지 논리 체계가 존재하고 있습니다. 심지어 '이율배반(contradiction)'이란 용어의 정의에 대해서도 일반적인 일치를 보지 못하고 있습니다. 이뿐 아니라, 모든 사람이 한 가지 논법체계에 동의한다 하더라도, 인간의 논리는 진리와 거짓에 대한 판결자로 사용될 수가 없습니다. 기독교는 어떤 점에서 합리적이고 논리적이지만, 삼위일체론이나 그리스도의 성육신 등의 문제에 봉착하게 되면 논리는 그 한계성을 드러내고 맙니다. 논리는 하나님이 아닙니다. 그래서 논리는 하나님께만 가야 할 영예를 차지할 수 없습니다. 진리는 하나님의 심판대 앞에서 발견되는 것이지 논리의 법정에서 발견되는 것이 아닙니다.

그렇다면 우리는 이성과 논리에 관해서 일반적으로 취해지는 두 가지 극단적 입장을 피하도록 유의해야 합니다. 인간은 맹목적인 신앙을 따라가기 위해 이성을 거부하거나 아니면 하나님으로부터의 독립성을 논리에 부여하려고 하기도 합니다. 이 두 가지 태도 모두가 죄가 있기 이전의 인간의 성격을 고려할 때 지지될 수 없습니다. 인간은 이성적인 피조물로 지음 받았으며 또한 자신의 이성의 한계성과 창조주에 대한 그 논리력의 의존성을 깨닫도록 되어 있었습니다

(그림 8을 보라).

죄가 세상에 들어오기 이전 인간의 특징은 변증학의 임무의 기초를 이룹니다. 오늘날 그 누구도 죄가 없는 사람은 없지만, 타락 이전에 인간의 많은 자질들은 오늘에까지 이어져 오고 있습니다. 우리가 기독교 신앙을 변증함에 있어서 우리가 다루는 사람은 아담의 후예인 남자와 여자입니다. 그래서 타락 이전의 인간의 상태에 대한 확고한 이해는 중요한 것입니다.

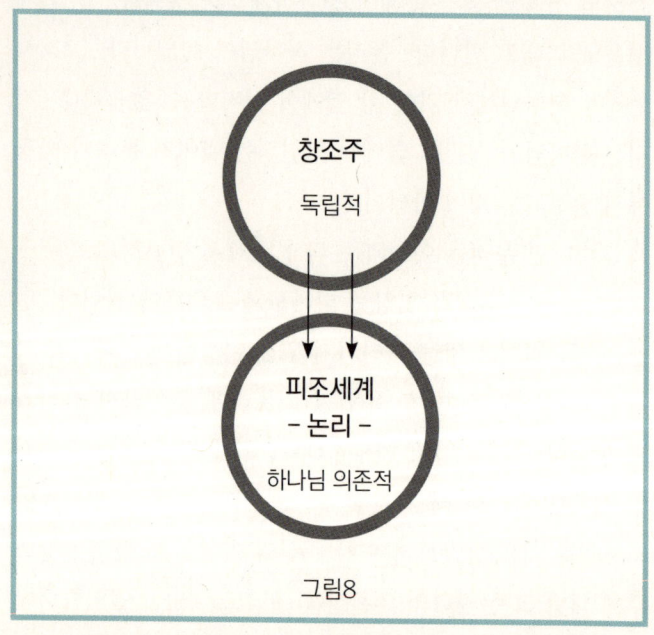

그림8

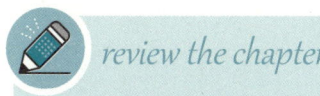

review the chapter

1. 우리는 인간에 대한 성격을 어떤 세 가지 범주 안에서 생각해야만 합니까?

2. 인간이 하나님의 형상을 가지고 있다는 것은 무엇을 의미합니까?

3. 죄가 세상에 들어오기 전 자신 스스로의 지식과 도덕적 결정에 대한 아담의 관점을 설명해 보세요. 관련 성경구절을 이용하여 답해 보세요.

4. 자신의 유한성으로 인한 인간의 지식은 어떻게 제한적입니까?

5. 인간이 이해할 수 없는 신비들이 왜 존재합니까? 그와 같은 신비들의 한 가지 예를 제시해 보세요.

6. 만일 우리가 이해할 수 없는 신비들이 존재한다면 우리는 어떠한 것에 대하여 어떻게 확신을 가질 수 있습니까?

7. 타락 이전의 아담으로부터 우리가 알 수 있는 논리 사용의 두 가지 의미는 무엇입니까?

모든생각을사로잡아 | chapter 04

죄 가운데 있는
인간의 성격

기록된 바 의인은 없나니 하나도 없으며
깨닫는 자도 없고 하나님을 찾는 자도 없고
다 치우쳐 함께 무익하게 되고
선을 행하는 자는 없나니 하나도 없도다

로마서 3:10-12

chapter 04
죄 가운데 있는 인간의 성격

> 육에 속한 사람은 하나님의 성령의 일들을 받지 아니
> 하나니 이는 그것들이 그에게는 어리석게 보임이요,
> 또 그는 그것들을 알 수도 없나니 그러한 일은 영적
> 으로 분별되기 때문이라(고전 2:14)

이전 과에서 우리는 타락 이전의 인간의 성격에 대해서 살펴보았습니다. 그러나 인간타락의 영향에 대해 살펴보지 않는다면 인간에 대한 우리의 시각은 불완전할 수밖에 없습니다. "우리 자신에 관한 지식은 먼저 창조시에 무엇이 우리에게 주어졌는가를 숙고하는 데에 있다. 둘째로는 아담의 타락 이후의 우리의 비참한 상태를 떠올리는 것이다."[2] 죄의 저주 아래에서 인간의 성격은 변하였습니다. 인간은 더

---

2) John Calvin, Institutes, II,1,1.

이상 완전한 하나님의 형상이 아닙니다. 인간은 더 이상 타락 이전에 아담과 하와가 했던 것과 같이 살지도 사고하지도 않습니다. 이번 과에서 확인하겠지만 죄는 인간에게 너무나 큰 영향을 미쳐서 인간은 실제로 하나님께 대한 전적 의존을 거부합니다. 이러한 인간의 상태를 이해하기 위해서 우리는 우선 인간 최초의 타락과 그에 따르는 여러 가지 상태들에 대해 논의할 것입니다.

A. 인류의 타락

하나님은 남자와 여자를 자신의 형상을 따라 지으신 후 에덴동산 가운데에 두셨습니다. 아담과 하와는 자신들의 피조성(creatureliness)을 깨달아 알고 있었기 때문에 기쁜 마음으로 하나님을 섬기는 일에 스스로 전념하였습니다. 그러나 하나님께서는 아래와 같이 말씀하시면서 동산 중앙에 선악과를 두심으로써 시간이 지남에 따라 하나님께 대한 인간의 충성심은 시험을 받게 되었습니다.

> 선악을 알게 하는 나무의 열매는 먹지 말라 네가 먹는 날에는 반드시 죽으리라 하시니라(창 2:17)

인간에게 있어서 그러한 명령의 본질은 단순히 특정 열매에 대한 자제 그 이상의 의미를 담고 있었습니다. "선악과가 아담에게 금지된 것은 그의 순종심을 시험하고 기꺼이 하나님의 명령에 복종하는지를 입증하기 위한 것이었다."[3] 하나님은 그 금지된 나무에 대하여 말씀하시고 계시하셨습니다. 아담과 하와는 하나님의 권위와 그분께 대한 자신들의 의존성을 인정하든지 아니면 거부하든지의 여부를 시험 받았던 것입니다.

창세기 3장은 인간의 타락에 초점을 맞추고 있습니다. 성경 다른 곳에서 사탄으로 표현된(참조. 창 3:15; 롬 16:20) 뱀이 하와에게 접근하여 하나님께서 말씀하신 명령을 저버리도록 유혹하였습니다. 그녀의 인생에서 가장 중대한 선택을 제시하면서 이렇게 말하였습니다.

> 뱀이 여자에게 이르되 너희가 결코 죽지 아니하리라 너희가 그것을 먹는 날에는 너희 눈이 밝아져 하나님과 같이 되어 선악을 알 줄 하나님이 아심이니라(창 3:4-5)

뱀의 그 말들은 하나님의 계시와는 명백히 상반되는 것이

---

3) Ibid., II,1,4.

었습니다. 하와는 결정을 내려야만 했습니다. 누구를 더 신뢰할만 한가? 하나님께서는 이렇게 말씀하셨습니다. "정녕 죽으리라." 그리고 뱀은 이렇게 말하였습니다. "결코 죽지 아니하리라." 그 여자는 둘 중 하나를 믿어야만 했습니다. 더욱이, 교활한 뱀은 단순히 하나님이 틀렸다고 말하는 것에 그치지 않았습니다. 그는 심지어 하와가 일단 그 실과를 먹기만 하면 창조주와 피조물 간의 구분은 사라질 것이라고 제시하였습니다. "하나님과 같이 되어"라고 자랑스럽게 말하였습니다(창 3:5).

어리석게 보일지 모르지만 하와는 그 약삭빠른 뱀의 거짓말에 속아 넘어갔습니다. 하나님과 같이 된다는 것은 엄청나게 매력적이었습니다. 창조자에 대한 그녀의 모든 존숭심(尊崇心)을 흔들어 놓았을 때 하와는 더 이상 참된 지식을 위해서도 도덕적인 가르침을 위해서도 하나님을 의존할 필요가 없다고 마음먹었습니다. 뱀은 그와 같은 문제들에 있어서의 하나님의 신뢰성에 의문을 제기했고 하와는 그의 제안에 굴복했습니다. 이 일이 있기 전에는 하와는 하나님에 대한 자신의 전적인 의존성을 잘 인식하면서 하나님의 계시를 받아들였습니다. 그러나 지금 그녀는 하나님을 의존하는 것은 선택사항이라고 결론 내렸습니다. 창세기 3장 6절을 주의 깊게 읽어보면 하와의 실수가 무엇인지 알게 됩니다.

> 여자가 그 나무를 본즉 먹음직도 하고 보암직도 하고
> 지혜롭게 할 만큼 탐스럽기도 한 나무인지라 여자가
> 그 열매를 따먹고 자기와 함께 있는 남편에게도 주매
> 그도 먹은지라(창 3:6)

하와는 하나님의 말씀을 즉각적으로 거절하지도 않았고 뱀의 말을 즉각적으로 받아들이지도 않았습니다. 대신에 그녀는 스스로 그 나무를 주시하였고 하나님으로부터의 독립성을 신봉함으로써 그 나무의 성격을 결정하였습니다. 그녀는 스스로에게 말했습니다. "왜 다른 누군가의 말을 들어야만 하지? 나는 스스로 법칙을 만들겠어. 나는 내 스스로 결정을 내릴 테야!" 그렇게 함으로써 하와는 창조주와 피조물 사이의 구분을 거부했습니다. 그녀는 독립적인 하나님의 계시를 받아들고서 그것을 뱀의 말들과 같은 위치에 올려놓았습니다. 그리고는 스스로를 그 양자 간의 궁극적 심판자로서 세워놓았던 것입니다(그림 9를 보라).

하와는 그 열매를 남편인 아담에게 주었습니다. 그는 그것을 먹었고 인류는 죄의 권세 아래로 떨어지고 말았습니다. 이것이 바로 죄의 본질인 것입니다. 모든 일에 있어서 자신의 하나님께 대한 의존성을 인정하기를 거부하는 반역과 자신의 능력이 하나님과도 같이 독립적이라고 여기는 그것 말

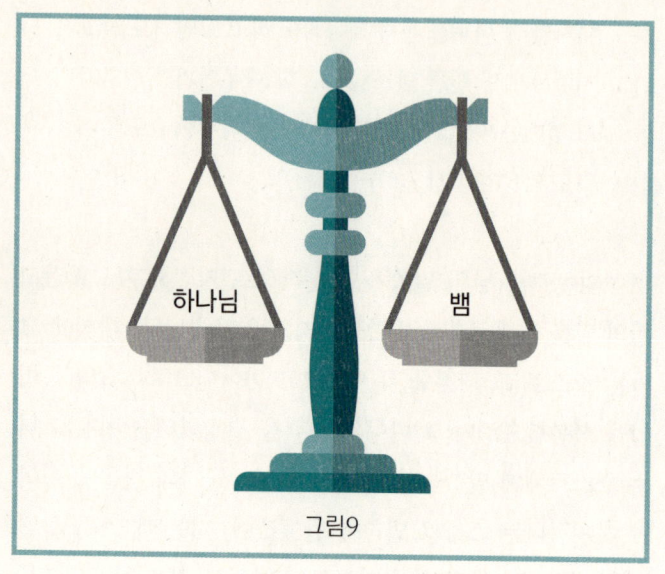

그림9

입니다.

인간이 그것을 인정하든 인정하지 않든 간에 창조주와 피조물 사이의 구분은 사실상 계속되고 있다는 것을 기억하는 것이 중요합니다. 타락 이후에도 실제로 아담과 하와는 하나님 의존성이 타락 이전보다 결코 덜 의존적으로 된 것이 아닙니다. 그들은 단지 그러한 자신들의 의존성을 인정하기를 거부했을 뿐입니다. 걸음마를 시작하는 아이가 더 이상 부모의 도움이 필요 없다고 스스로를 속일 수는 있지만 그렇다고 해서 그가 결코 독립적인 아이인 것은 아닙니다. 이와 같이 아담과 하와는 자신들이 하나님으로부터 독립하였다고 생각했습니다. 그러나 그들은 여전히 모든 것에 있어서, 심지어 그분을 거부할 수 있는 능력에 있어서마저도 하나님을 필요로 했던 것입니다. 아담과 하와를 향한 하나님의 요구는 그들이 자신들의 의존성을 인정할 것과 그것에 따라 사는 것이었습니다. 그들은 그분의 요구를 충족시키지 못했고 죄에 빠져버렸습니다. 스스로를 지혜롭다고 생각하면서 그들은 어리석게 되었던 것입니다. 왜냐하면 하나님의 말씀이 옳았기 때문입니다. 결국 그들은 죽었습니다.

B. 타락의 영향들

그 동산에서의 인간의 타락은 오늘날의 사람들에게 별다른 영향을 끼칠 것이 없는 과거의 단발적인 사건이 아니었습니다. 그 타락은 인간들을 죄의 노예로 전락시켰습니다.

> 그러므로 한 사람으로 말미암아 죄가 세상에 들어오고 죄로 말미암아 사망이 들어왔나니 이와 같이 모든 사람이 죄를 지었으므로 사망이 모든 사람에게 이르렀느니라(롬 5:12)

모든 인간은 태어날 때부터 죄로 타락해 있습니다(참조. 시 51:5; 엡 2:3). 아담과 하와가 창조주와 피조물 사이의 구분을 거절했던 것처럼 모든 사람은 창조와 그분의 특별계시 모두에 있어서 하나님의 계시를 거부합니다.

바울은 로마서 1장 18-32절에서 피조세계에서 드러나는 계시에 대한 거부를 묘사하고 있습니다. 그는 피조세계가 분명하게 하나님의 속성과 뜻을 드러내고 있지만 믿지 않는 자들은 "불의로 진리를"(18절) 억누르며 억제하고 있다고 말합니다. 그들은 피조세계 가운데 드러나시는 하나님을 인정하기를 거부하며 "미련한 마음이 어두워"(21절)졌습니다. 그들은 "피조물을 조물주보다 더 경배하고 섬기기"(25절) 때문에 "스스로 지혜 있다 하나 어리석게"(22절) 되었습니다. 왜냐하면 "그들이 마음에 하나님 두기를 싫어하매 하나님께서 그들을 그 상실한 마음대로 내버려 두었기"(28절) 때문입니다. 죄에 빠진 인간은 피조세계의 모든 국면에서 하나님을 인정하기를 거절합니다.

불신자들은 또한 하나님의 특별계시의 가치를 제대로 파악하지 못합니다. 예수님은 포도원 농부의 비유(참조. 마 21:33-44)에서 이스라엘이 하나님의 계시로부터의 자신의 독립성을 어떻게 주장하고 있는지 설명해 주셨습니다. 그 농부들은 자신의 생계가 주인의 손에 달려 있었지만 주인을 존중하기를 거절했습니다. 그 결과 주인은 특별 메신저를 그 농부들에게 보냈습니다. 그는 심지어 자신의 아들까지도 보냈지만 그 농부들은 그 아들까지도 다 미워하고 죽였습니다. 이처럼 우리 모두는 성경에 있는 하나님의 특별계시에 순복해야 함에도 그것을 거절하고 있습니다. 실상 죄는 인간을 굳게 붙들고 있기 때문에 인간은 스스로 성경에 복종할 수가 없습니다.

> 육신의 생각은 하나님과 원수가 되나니 이는 하나님의 법에 굴복하지 아니할 뿐 아니라 할 수도 없음이라(롬 8:7)

그러므로 타락한 상태에서의 인간은 하나님의 계시를 이해할 능력이 없는 것입니다.

> 육에 속한 사람은 하나님의 성령의 일들을 받지 아니하나니 이는 그것들이 그에게는 어리석게 보임이요, 또 그는 그것들을 알 수도 없나니 그러한 일은 영적으로 분별되기 때문이라(고전 2:14)

하나님의 계시에 굴복하는 대신에 인간들은 모든 것들이

"자신들의 미련한 육신의 기준에 의해서"[4] 평가되어야 한다고 여기면서 아담과 하와의 전철을 그대로 답습하고 있습니다(그림 10을 보라).

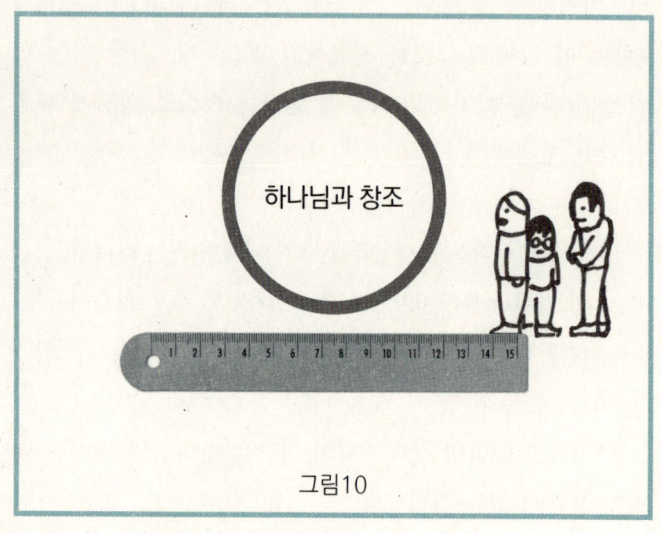

그림10

자연계 가운데 드러난 하나님의 계시를 인정하지 못하고 하나님과 그분의 뜻을 알기 위한 방도로서의 성경을 받아들이지 못하는 인간은 곤경에 처하게 된 것입니다. 예레미야는 그 당시에 다음과 같이 선포하였습니다.

---

4) Ibid., I,2,2.

> 지혜롭다 하는 자들은 부끄러움을 당하며 두려워 떨
> 다가 잡히리라 보라 그들이 여호와의 말을 버렸으니
> 그들에게 무슨 지혜가 있으랴(렘 8:9)

만일 우리의 눈이 감겨 있다면 우리가 무엇을 볼 수 있겠습니까? 만일 우리의 우물이 말라 있다면 무엇이 우리의 갈증을 해소해 주겠습니까? 아무것도 없습니다. 지혜와 지식도 이와 똑같습니다. 오직 하나님만이 당신의 계시를 통하여 "인간에게 지식을 가르치십니다"(시 97:4). 만일 우리가 하나님의 말씀을 거절한다면 우리는 모든 진리를 거절하는 것이며 원칙적으로 허위(falsehoods) 외에는 실상 아무것도 알지 못하는 것입니다.

> 여호와를 경외하는 것이 지식의 근본이거늘 미련한
> 자는 지혜와 훈계를 멸시하느니라(잠언 1:7)

자기의 마음을 믿고(잠 28:26) 명철을 기뻐하지 아니하는 자(잠 18:2)는 어리석은 자입니다. 그는 지식을 미워하며(잠 1:29) 그 입술에서 지식을 찾아 볼 수 없습니다(잠 10:18; 14:7; 19:1). 하나님의 말씀을 거절함으로 인해 인간은 총명이 어두워집니다.

> 그 마음의 허망한 것으로 행하며, 저희 총명이 어두워
> 지고, 하나님의 생명에서 떠나 있도다(엡 4:17-18)

이러한 이유로 인해 다음의 사실을 접하게 됩니다.

> 또 주께서 지혜 있는 자들의 생각을 헛것으로 아신다
> 하셨느니라(고전 3:20)

인간이 하나님의 계시와 그분의 뜻을 계속해서 멀리하는 한 결코 자신과 세계 그리고 하나님에 대한 참된 지식에 도달할 수 없을 것입니다.

C. 비일관성(inconsistencies)과 피상적인 진리

비기독인의 인생에 있어서의 죄의 영향은 그가 성경에 드러난 진리들을 막연히 거부하고 자신을 둘러싸고 있는 세계를 심각하게 곡해하는 것으로 뚜렷하게 나타납니다. 하지만 죄악된 인간의 모든 사상과 언급들이 아주 간단하게 설명될 수 있는 것은 아닙니다. 비기독인들은 어떻게 옳은 개념들을 생각하고 나타낼 수 있습니까? 신자들과 불신자들

모두 2 더하기 2는 4라고 주장합니다. 아마도 이 페이지에 글자들이 있다는 것을 부인할 사람은 거의 없을 것입니다. 사실 성경에도 타락한 인간들이 진리를 소유하고 있다는 것을 인정하는 예들이 있습니다(참조. 마 23:1f.; 행 17:28). 우리는 이러한 사안들을 죄악된 인간이 진리의 원천인 하나님의 말씀을 거절하는 것과 관련하여서 어떻게 이해할 수 있겠습니까?

우리는 타락한 인간의 상태와 그가 지니고 있는 지식의 두 가지 측면을 보다 면밀히 살펴봄으로써 이 문제를 해결할 수 있습니다. 첫째, 불신자들은 하나님 자신의 계시를 거절할지라도 철저히 일관되게 거절할 수는 없습니다. 이러한 비일관성이 모든 타락한 인간에게서 어느 정도 나타나는 이유는 죄악된 인간마저도 (불완전하게나마) 하나님의 형상을 지니고 있으며 인간의 많은 원래적인 능력들이 잔재해 있기 때문입니다(참조. 창 9:6; 약 3:9). 인간은 여전히 생각하고 사유합니다. 그는 여전히 세계를 인지하고 있습니다. 하나님의 일반 은총이 죄와 타락의 원리들을 억제하고 있으므로 비기독인들은 자신들의 창조주 되시는 그 분을 인정하지 않지만 하나님의 형상을 지니고 있는 존재로서 그 안에 남아 있는 영향들을 따라서 실제로 생각하고 행동하는 것입니다.

> 율법 없는 이방인이 본성으로 율법의 일을 행할 때에
> 는…그 마음에 새긴 율법의 행위를 나타내느니라(롬
> 2:14, 15)

타락한 인간은 스스로가 독립적이고 능력이 있다고 여기면서 하나님과는 별도로 진리를 알아가고자 합니다. 만일 그가 일관되게 그러한 입장을 견지한다면 그는 참된 지식을 소유할 수 없게 됩니다. 왜냐하면 오직 하나님을 의존하는 것만이 유일한 진리의 길이기 때문입니다. 그렇다고 하더라도 비기독인은 그러한 일관성을 잃을 수 있을 뿐 아니라 실제로 잃기도 하여 종종 그 안에 잔존해 있는 하나님과 세계에 대한 바른 지식에 이르기도 합니다(그림 11을 보라). 그에 따라 어떤 면에서는 우리가 진리라고 부르는 것들을 생각하고 말하기도 하는 것입니다.

불신자가 진리를 파악하기도 한다는 특성을 볼 때 우리는 하나님의 계시를 억누르려는 불신자의 시도가 일관되지 못하다는 점과 진리를 알 수 있는 그의 능력을 깨닫게 됩니다. 타락한 인간의 "이해력은… 하나님이 눈에는 불안정한 것이며 일시적인 것이다…"[5] 비기독인들은 죄로 물든 그들

---

5) Ibid., I,6,1.

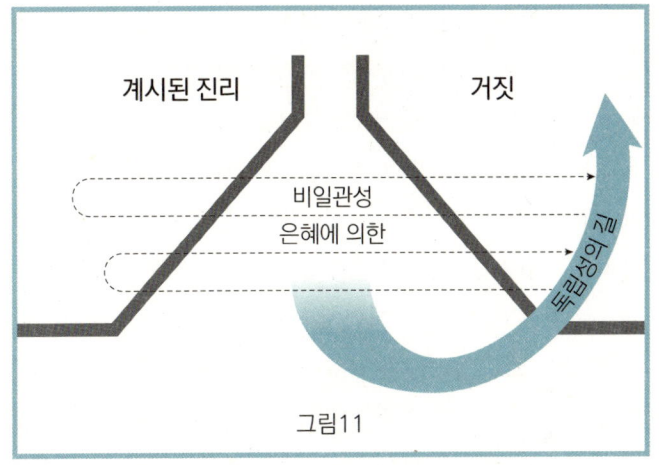

그림11

의 사상의 원리에 일관되지 못할 때에만 진리를 알 수 있습니다. 그리고 이러한 사실은 그들의 지식을 단순히 표면상의 진리로만 존재케 합니다. 이것을 이해하는 데에 도움이 될 만한 한 가지 비유가 있습니다. 바리새인들을 두고 예수님은 종종 그들의 내면적 동기와 외적 행동 사이에 차이가 있음을 지적하셨습니다. 그들의 가장 위대한 종교적 임무들의 가치는 자신들의 자기의(self-righteousness)와 자만심이 동기가 되어 부패하게 되었습니다. 잠언은 심지어 다음과 같이 얘기하고 있습니다.

악인의 제사는 여호와께서 미워하신다(잠언 15:8)

바리새인들은 외면적 혹은 표면적 경건은 가지고 있었지만 그들의 신앙심은 그들의 외적인 행동들 이면에 자리 잡고 있는 것에 의하여 부패하였습니다.

일반적인 지식의 영역에서도 이와 같은 종류의 구분이 있다고 하겠습니다. 우리는 죄악된 인간으로부터 나오는 표면적으로 옳게 보이는 말들에 결코 만족해서는 안 됩니다. 우리는 제시된 생각 그 이면에 자리 잡고 있는 것에 유의해야 합니다. 예를 들어 여호와의 증인은 "예수는 우리의 주님 되십니다."라고 진정으로 말할 것입니다. 우리 모두는 그 말이 표면적으로는 옳다고 인정할 수밖에 없습니다. 그러함에도 여호와의 증인은 그리스도의 신성을 부인하며 예수 그리스도는 특별한 천사로서 우리의 주님이 되신다고 생각합니다. 따라서 우리는 그 언급이 잘못되었다고 여겨야 할 것입니다. 우리가 그 언급이 맞는 말이라고 인정하면서도 동시에 그 언급을 거부하는 것은 표면적인 언급과 그 언급 이면에 놓여 있는 의미 사이의 차이에서 그 이유를 발견할 수 있을 것입니다. 이러한 구분은 어떤 이가 말하는 것과 그가 실제로 의미하는 것이 대조를 이루는 경우에서도 발견할 수 있고, 무엇이 사실이라고 단언하는 것과 실제로 사실인 것 사이의 대조에서도 찾아 볼 수 있습니다. 이러한 원리를 분간하는 한 가지 방법은 말하고 있거나 혹은 생각하고 있는 그것이 무엇을 의미하는지를 묻는 것입니다. 타락한 인간이 세상은 둥글다고 말할 수 있습니다. 그러나 의미하는 세상이란 무엇입니까? 그것이 성경의 하나님의 창조를 의미합니까? 아니면 긴 진화과정의 결과를 의미합니까? 그들은 정직은 좋은 것이고 살인은 나쁜 것이라고 말할 수 있습니다. 그러나 그 '좋고 나쁨'이 무엇을 의미합니까? 좋고 나쁨이 하나님의 법에 의해 정의됩니까? 아니면 어떠한 다른 원리에 의해 정의됩니까? 독성이 퍼진 토양에 최근에 심겨진 나무의 경우와도 같이 비기독인들이 비일관성을 가지고 진리를 거부하면서도 동시에 거부할 수 없는 하나님의 계시 앞에 한 발 양보하여 그것을 일부 인정할 때에 하나님으로부터의 자신들의 독립이라고 하는 토양은 그 표면에 있는 진리를 오염시킵니다. 때때로 우리는 그러한 왜곡된 의미들을 발견하기 위해서 표면 아래의 아주 깊은 곳까지 내려가 보아야만 합니다. 그러나 불신자들이 주장하는 모든 생각과 언급의 뿌리에는 '나는 하나님으로부터 독립해 있으며 그와 그의 뜻을 고려하지 않고도 내 스스로 이것을 온전히 알 수 있다.'는 사상이 깔려 있는 것입니다(그림 12를 보라).

비기독인들의 옳은 언급들에 대한 적절한 관점을 요약하자면, 그들은 옳으면서도 동시에 그르다고 볼 수 있습니다. 불신자들의 생각들은 때때로 사실상 피할 수 없는 하나님의

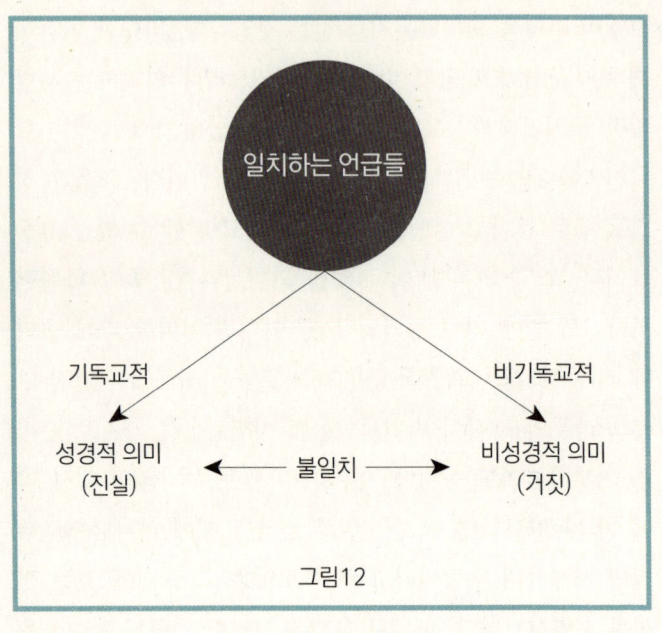

그림12

계시로부터 나온 것이며 그들이 여전히 회피할 수 없는 하나님의 형상을 지니고 있다는 존재적 특성을 통하여 하나님의 일반은총에 의해 양산된다는 점에서 그들은 진리를 생각하고 말할 수 있을 것입니다. 더욱이 하나님의 계시는 실제로 그들의 언급이 적어도 표면적으로는 옳다는 것을 확인해 주고 있으며 그들의 언급에 대한 대안적인 틀을 제공함으로써 하나님을 인정하고 그분께 순종하는 것에로 이끌 수도 있을 것입니다. 그러나 동시에 우리는 불신자들의 그러한 언급이 그릇된 것이라고 말할 수 있습니다. 왜냐하면 그들의 언급은 하나님의 계시에로의 자발적인 순종에서 나온 것이 아니며 여전히 창조주와 피조물 사이의 구분을 거부하는 중에 나온 결과이기 때문입니다. 말하자면 그 언급들은 비기독교적 의미의 틀에 의해서 왜곡된 것이며 따라서 하나님을 섬기는 것과는 거리가 먼 곳으로 이끌어가고 있는 것입니다. 적어도 단순히 인간 스스로의 독립성을 신봉하는 것이 비기독인의 모든 언급들을 그릇되게 만드는 것입니다.

죄에 빠져 불신앙 가운데 거하고 있는 인간의 상태를 이해하는 것은 기독교를 변호하는 데에 있어서 매우 중요합니다. 비기독교적 사고의 소망 없음과 헛됨을 깨닫는 것은 자신의 신앙을 변호하고자 하는 신자에게 방향을 제공하고 확신을 심어줍니다.

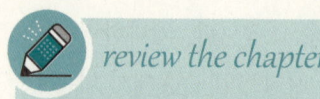
review the chapter

1. 동산에서의 하와의 실패가 핵심적으로 의미하는 바는 무엇입니까? 이 죄는 모든 불신자의 인생의 근저에 어떻게 자리 잡고 있습니까?

2. 불신자들은 피조세계의 모든 측면에 걸쳐서 드러나고 있는 하나님의 계시에 어떻게 반응하여왔습니까? 또 하나님의 특별계시에 대해서는?

3. 독립성을 신봉하는 것이 불신자의 지식과 도덕성에 어떤 영향을 끼칩니까? 관련 성경구절을 가지고 답을 해 보세요.

4. 타락한 인간이 어떻게 진리를 말하고 선한 행동을 할 수 있습니까?

5. 어떤 의미에서 비기독인이 진리를 말할 수도 있습니까? 어떤 의미에서 그들의 옳은 언급들이 그릇된 것입니까?

모든 생각을 사로잡아 | chapter 05

그리스도의
구속함을 받은
인간의 성격

그런즉 누구든지 그리스도 안에 있으면
새로운 피조물이라
이전 것은 지나갔으니 보라 새 것이 되었도다

고후 5:17

chapter **05**

그리스도의 구속함을 받은 인간의 성격

그런즉 누구든지 그리스도 안에 있으면 새로운 피조
물이라 이전 것은 지나갔으니 보라 새 것이 되었도다
(고후 5:17)

　하나님의 은혜가 아니었다면 모든 사람은 죄 가운데 버려졌을 것이고 하나님의 심판 아래 있었을 것입니다. 그러나 하나님은 당신의 자비하심 가운데 십자가에 죽으심으로 죄 값을 지불하고 부활로 새로운 생명의 시대를 열기 위해서 하나님이신 그 아들 예수 그리스도를 보내셨습니다. 그를 믿는 자는 누구나 하나님의 진노의 저주에서 해방되어 하나님의 축복에 들어가게 됩니다. 그러므로 그리스도 안에서 하나님이 구속하신 사람의 성격을 숙고해 봄으로써 인간에 대한 모습을 정리할 수 있게 됩니다.

A. 타락의 반전

개인에게서의 구원의 적용을 타락으로 인해 일어난 것에 대한 역행(reversal)으로 보는 데는 일리가 있습니다. 기억하시겠지만 하와의 근본적 실패는 하나님의 말씀에 자신을 기꺼이 순복하지 않음으로써 하나님으로부터의 독립을 상정했던 것입니다. 하와는 하나님 없이 스스로의 식견으로 진리를 알 수 있다고 생각함으로 창조주와 피조물 사이의 구분을 거부했습니다. 정반대의 일이 그리스도를 신뢰하는 이에게서 명백히 드러납니다. 바울은 이 사실을 분명히 했습니다.

> 하나님의 지혜에 있어서는 이 세상이 자기 지혜로 하나님을 알지 못하므로 하나님께서 전도의 미련한 것으로 믿는 자들을 구원하시기를 기뻐하셨도다(고전 1:21)

하와가 동산에서 행했던 것처럼 인간의 지혜를 진리의 기준으로 이용하는 것은 하나님으로부터 멀어지고 거짓에 동화되는 일입니다. 그러나 구원의 길인 십자가는 우리로 하여금 하나님을 알게 하기 위해 인간적이고 죄악된 사고의 독립성으로부터 돌아서게 만듭니다. 하와는 자신을 독립적이라고 생각했고 그래서 자신을 궁극적 판단자로 보았습니다. 우리가 그리스도를 진실로 믿는다면 비교될 수 없는 지혜와 진리인 하나님의 말씀에 대한 우리의 의존성을 깨닫게 됩니다. 하나님의 말씀을 수용하는 것은 그리스도 안에서의 구속의 분명한 시작입니다.

> 그러므로 믿음은 들음에서 나며 들음은 그리스도의
> 말씀으로 말미암았느니라(롬 10:17)

타락의 역행은 최초의 회심으로 끝나지 않습니다. 그것은 구속적 과정 전체를 포함하고 있습니다. 복음의 메시지를 신뢰하는 사람은 아래와 같은 바울의 말을 확신할 수 있습니다.

> 사람은 다 거짓되되 오직 하나님은 참되시다 할지어
> 다…(롬 3:4)

죄 가운데 있는 인간의 성향은 참 지식을 포기하고 그릇되게 하나님으로부터의 독립성을 주장하는 것이지만 신자는 하나님이 참이시므로 하나님의 말씀이 항상 신뢰될 수 있음을 주장합니다. 이사야는 이렇게 말합니다.

> 나 여호와는 의를 말하고 정직을 알리느니라(사 45:19)

하나님의 말씀은 신빙성이 있으며 그리스도를 믿는 신자는 그 말씀에 대한 전적인 신뢰를 고백합니다. 겉으로 보이는 현상들이나 다른 사람들의 충고나 사탄의 유혹에도 불구하고 신자는 이렇게 단언합니다.

> 여호와와 같이 거룩하신 이가 없으시니 이는 주밖에 다른 이가 없고 우리 하나님 같은 반석도 없으심이니이다(삼상 2:2)

하나님의 말씀에 대한 이와 같은 태도가 타락의 역행임은 고린도인들을 향한 바울의 말에서 분명히 나타나고 있습니다.

> 내가 하나님의 열심으로 너희를 위하여 열심을 내노니 내가 너희를 정결한 처녀로 한 남편인 그리스도께 드리려고 중매함이로다 그러나 나는 뱀이 그 간계로

하와를 미혹한 것같이 너희 마음이 그리스도를 향하는 진실함과 깨끗함에서 떠나 부패할까 두려워하노라(고후 11:2-3)

이 본문에서 바울은 그가 전한 하나님의 말씀으로부터 돌이키지 말라고 고린도인들에게 경고하고 있는데 이는 그들이 그리스도에게만 충실해야 하기 때문이었습니다. 바울이 이렇게 경고했던 이유는 고린도인들도 뱀이 하와를 유혹

그림13

할 때 행했던 것과 같은 기만에 빠지는 것을 염려했기 때문이었습니다. 즉 그들이 "그리스도를 향하는 진실함과 깨끗함에서 떠날" 것을 염려했던 것입니다(고후 11:3). 타락 이전 하와는 온전한 헌신으로 하나님의 말씀을 경청했습니다. 타락으로 하와는 하나님의 말씀에 등을 돌렸습니다. 그러나 기독인인 우리는 의심 없는 헌신의 자세로 그리스도의 말씀을 한결같이 받아들입니다. 우리는 하와가 죄를 지었을 때 행했던 정반대의 일을 하게 되었습니다. 그리스도에 의해 구속함을 받는다는 것은 타락의 역행을 경험하는 것입니다(그림 13을 보라).

B. 중생에 의한 회복

그리스도 안에서의 구원을 생각할 때 우리는 대개 믿음이 우리의 영원한 운명에 미치는 영향만을 생각합니다. 물론 그것은 중요합니다. 하지만 이 시점에서 우리는 지식과 도덕의 영역에 있어서 타락의 역행이 미치는 중대성에 그 초점을 맞추고자 합니다. 예수님은 니고데모에게 하나님 나라에 들어가기 위한 요구사항을 이렇게 제시했습니다.

> 네가 거듭나야 하겠다(요 3:7)

불신자에게는 새로운 탄생이 있어야만 합니다. 아담 안에서 태어났으므로 죄의 속박 아래로 떨어진 인간에게는 새로운 시작 즉 중생이 일어나야만 합니다. 바울은 이렇게 표현했습니다.

> 그런즉 누구든지 그리스도 안에 있으면 새로운 피조물이라 이전 것은 지나갔으니 보라 새 것이 되었도다
> (고후 5:17)

우리의 죄로부터 구원받은 우리는 개인적인 차원에서만 새로워진 것이 아닙니다. 우리는 이제 전혀 새로운 존재의 영역으로(새로운 피조물/피조세계) 들어가게 된 것입니다. 따라서 신자의 전(全) 생애는 중생의 변화를 경험하는 것입니다. 바울이 사용하고 있는 "새로운 피조물"이라는 표현은 타락 이전의 원래 창조 상태와 구속과의 관계를 나타내주고 있다는 점에서 매우 적절한 용어라고 하겠습니다. 인간과 세계가 처음 창조되었을 때 이들은 죄에 의해 영향을 받지 않았었습니다. 그럼에도 인간이 자신을 하나님으로부터 독립해 있는 존재로 상정함으로써 피조세계 전부가 죄 가운데

로 떨어지게 되었습니다. 그러나 여러 가지 점에서 그리스도의 구속적 사역은 인간과 세계를 처음 창조된 원래의 상태로 회복하는 일이었습니다.

> 하나님을 따라 의와 진리의 거룩함으로 지으심을 받은 새 사람을 입으라(엡 4:24)

> 새 사람을 입었으니 이는 자기를 창조하신 이의 형상을 따라 지식에까지 새롭게 하심을 입은 자니라(골 3:10)

그리스도를 믿는 신자는 하나님의 형상의 원래의 성격으로 회복함을 받고 있습니다. 그들에게는 의와 거룩함과 참 지식이 주어지는데 이 모두는 타락으로 상실되었던 것들이었습니다. 중생으로 인한 회복은 단지 인간의 부분적인 면만을 내포하는 것이 아니라는 점을 유의해야 합니다. 이는 인간의 전인(全人)과 관계된 것으로 심지어 그 사고 과정도 포함하고 있는 것입니다.

> 모든 생각을 사로잡아 그리스도에게 복종하게 하니 (고후 10:5)

기독인은 실제로 그 모든 인격의 국면에서 타락 이전의 인간의 원래의 상태로 어느 정도 회복되었습니다. 우리는 달콤한 안위만을 위해서 구원받은 것이 아닙니다. 우리는 새로운 피조세계로 들어오게 되었으며 중생으로 말미암아 하나님의 형상으로 회복되었습니다.

  회복된 하나님의 형상인 구속인은 이제 성경과 피조세계에 있어서의 하나님의 계시를 온당하게 취급하고자 합니다. 그는 이제 비가 증류수의 응축이라는 사실을 아는 것만으로는 충분치 않다는 것을 깨닫게 됩니다. 그는 비가 무엇이며 그것이 어떻게 하나님의 뜻과 성품을 계시하고 있는지를 알고자 추구하게 됩니다. 죄가 없었더라면 이것은 문제가 되지 않았을 것입니다. 인간은 세상을 단지 관찰함으로 그것을 통해 하나님을 알 수 있었을 것입니다. 그러나 죄 때문에 "우리를 우주의 창조주에게로 향하도록 하기 위해 더 나은 다른 도움이 첨가될 필요가 있었다."[6] 바로 그 더 나은 도움이 성경입니다. 기독인은 구원의 지식에 이르도록 하는 진리를 알고자 성경을 상고하며 또 인간을 향한 하나님과 당신의 뜻을 계시해 주는 창조의 지식에 이르도록 하는 진리를 깨닫기 위해 성경을 상고하는 일에 진력합니다. 이것

---

6) John Calvin, Institutes, I.6.1.

은 마치 기독인이 세계를 쳐다볼 필요도 없이 그냥 성경만을 읽음으로 과학적 진리에 도달할 수 있다는, 즉 성경이 자연 과학의 교과서가 된다는 말은 아닙니다. 그러나 성경은 세계에 관한 모든 탐구에 있어서 기초가 되어야 할 일반적인 원리를 제시하고 있습니다. 일례로, 비에 대한 참 지식은 우리에게 하나님의 자비하심을 계시해 주며 우리로 하여금 원수를 대함에 있어서 사랑으로 할 것을 가르쳐 줍니다(마 5:45이하 참고). 물론 비의 특질에 대한 과학적 연구는 그러한 것들에 대한 기독인의 이해력을 강화해 주고 명료하게 해 줄 것입니다. 그러나 비에 대한 참 지식은 성경에 의해 통제되고 성경에 기초한 탐구에 의해서 발견됩니다. 회복된 피조물로서의 기독인은 그 지식과 도덕의 영역에 있어서 창조주와 피조물 사이의 구분을 추구하며 그에 따라 하나님의 계시에 바른 위치를 부여하게 됩니다.

C. 신자와 잔존하고 있는 죄

기독인의 삶은 흠 없는 삶이 아닙니다. 비록 그가 원래의 상태로 회복되기는 했지만 이 회복은 그리스도의 두 번째 강림 때까지는 완성된 것이 아닙니다. 기독인은 의와 죄 사이의 끊임없는 격렬한 전투 가운데 있습니다. 바울은 이 투쟁을 이렇게 묘사합니다.

> 육체의 소욕은 성령을 거스르고 성령은 육체를 거스르나니 이 둘이 서로 대적함으로 너희가 원하는 것을 하지 못하게 하려 함이니라(갈 5:17)

신자 가운데 내주하는 성령은 육적인 사고의 배교와의 전투 가운데 있습니다. 그 결과 신자에게는 두 가지 원리가 공존하는데 하나는 순종으로 다른 하나는 불순종으로 나타납니다. 비록 기독인이 지식과 도덕을 위해 하나님의 계시를 직시함으로 하나님께 의존하려고 하지만 이러한 갈망을 일관성 있게 지탱하지는 못합니다. 때로는 기독인도 창조주와 피조물 사이의 구분을 무시하거나 반역함으로 인해 타락의 죄로 다시 퇴보하기도 합니다. 이러한 퇴보는 성경을 포함한 만물 가운데 있는 하나님의 계시를 인정하기를 거부하는 양상으로 나타납니다. 비기독인이 하나님의 형상으로서의 자질들을 회피할 수 없듯이 기독인 역시도 이 세상에서 죄의 잔존 세력을 완전히 모면할 수는 없는 것입니다. 이런 의미에서 기독인은 하나님에 대해 전적으로 의존한다는 자신의 원리의 일관성을 잃게 되며 이로 인해 자신의 사고와 행위에서 거짓됨을 보여주게 되기도 하는 것입니다(그림 14를 보라).

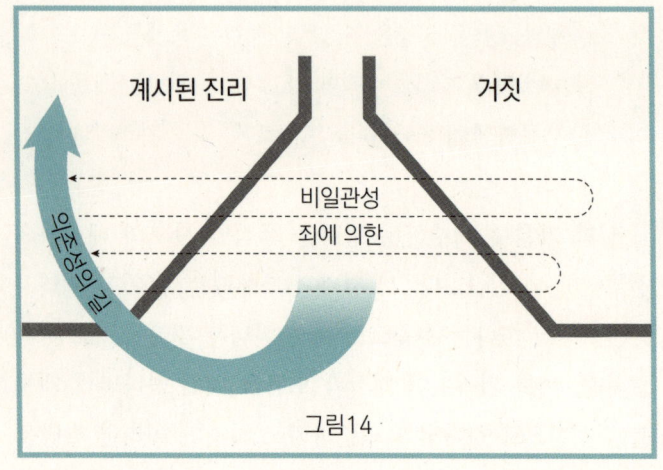

그림14

이와 같이 너희도 너희 자신을 죄에 대하여는 죽은 자요 그리스도 예수 안에서 하나님께 대하여는 살아 있는 자로 여길지어다 그러므로 너희는 죄가 너희 죽을 몸을 지배하지 못하게 하여 몸의 사욕에 순종하지 말고(롬 6:11, 12)

지식과 도덕의 문제에 있어서 하나님에 대한 의존은 기독인에게 있어서도 기계적으로 형성되는 것은 아닙니다. 이

것 없이는 아무도 주를 보지 못하는 거룩함을 좇는 결심 있는 노력이 동반되어야 합니다(히 12:14). 길고 힘든 임무이지만 하나님과 그 뜻을 알기 원하는 우리가 지속적으로 점진시켜야 할 일인 것입니다. 타락의 역행와 중생으로 인한 기독인들의 참 지식력을 생각함에 있어서 우리는 또한 죄가 아직도 기독인의 삶에 영향을 미치고 있음을 기억해야 합니다.

그리스도의 구속함을 받은 인간의 성격은 성경적 변증학을 이해하는 데에 기초가 됩니다. 십자가와 부활이라는 그리스도의 사역은 그를 믿는 자에게 참 의와 지식에까지 새로움을 입게 합니다. 아직 죄가 잔존해 있지만 그리스도를 통해 참으로 구속함을 받은 사람은 지식과 도덕 문제에 있어서 하나님께 의존할 수 있게 됩니다.

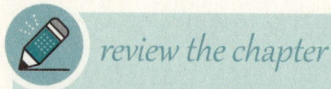

review the chapter

1. 중생은 어떻게 타락의 반전이 됩니까?

2. 어떤 의미로 구속된 인간은 타락 이전의 인간의 상태로 회복됩니까?

3. 반전과 회복은 어떻게 하여 그것을 경험한 신자로 하여금 모든 것들과 성경에서 드러나는 하나님의 계시를 대하게 만듭니까?

4. 잔존해 있는 죄는 신자의 지식과 도덕성에 어떻게 영향을 미칩니까?

모든생각을사로잡아 | chapter 06

비기독교적 관점

그러므로 내가 이것을 말하며 주 안에서 증언하노니
이제부터 너희는 이방인이
그 마음의 허망한 것으로 행함같이 행하지 말라
그들의 총명이 어두워지고 그들 가운데 있는 무지함과
그들의 마음이 굳어짐으로 말미암아
하나님의 생명에서 떠나 있도다
그들이 감각 없는 자가 되어 자신을 방탕에 방임하여
모든 더러운 것을 욕심으로 행하되

에베소서 4:17-19

chapter 06
비기독교적 관점

누가 철학과 헛된 속임수로 너희를 사로잡을까 주의
하라 이것은 사람의 전통과 세상의 초등학문을 따름
이요 그리스도를 따름이 아니니라(골 2:8)

우리가 앞서 살펴본 인간의 성격으로 볼 때 이 세상에는 하나님과 세상 그리고 자신에 관해서 정반대의 견해를 가지고 있는 두 가지 부류의 사람들이 살고 있음이 명백합니다. 서로 상반되는 이 두 가지 견해들을 각각 기독교 철학과 비기독교 철학이라고 부를 것입니다. 왜냐하면 전자가 하나님에 대한 전적인 의존성이라는 신뢰에 기초한 반면 후자는 인간의 독립성에 기초하고 있기 때문입니다. 더욱이 이 두 가지 견해들은 소위 말하는 '종교적 문제'나 '신학적 쟁점' 이상의 것을 내포하고 있습니다. 즉 각자의 생활 영역의 모든 국면에 걸쳐 있는 사안들인 것입니다. 이제 비기독교 철학의 기본적인 관점들을 요약해 보고 이후에 기독교 철학을 다루어 보도록 하겠습니다.

A. 구조

비기독교 철학의 특성은 비기독인의 성격에 기인합니다. 에베소서 4장 17-19절에서 바울은 비기독인이 산출할 수 있는 종류의 철학을 지적하기 위해 그들의 모습을 이렇게 묘사하고 있습니다.

> …이제부터 너희는 이방인이 그 마음의 허망한 것으로 행함같이 행하지 말라 그들의 총명이 어두워지고 그들 가운데 있는 무지함과 그들의 마음이 굳어짐으로 말미암아 하나님의 생명에서 떠나 있도다 그들이 감각 없는 자가 되어 자신을 방탕에 방임하여 모든 더러운 것을 욕심으로 행하되(엡 4:17-19)

비기독인은 아직도 죄의 저주 아래 놓여 있습니다. 이들은 창조주와 피조물 사이의 구분을 거부하고 하나님으로부터의 독립을 고집하면서 공허 가운데 살고 있습니다. 이들의 모든 노력은 허망한 것이고 불순한 것입니다. 바로 이 이유 때문에 바울은 비기독교 철학을 이렇게 묘사하고 있습니다.

> 누가 철학과 헛된 속임수로 너희를 사로잡을까 주의하라…(골 2:8)

여기 바울의 말을 주의 깊게 이해해야 합니다. 바울은 철학 일반을 반대하고 있는 것이 아닙니다. 바울 자신도 일종의 철학자였습니다. 그가 반대하고 있는 것은 비기독교 철학입니다. 독립성에 대한 신봉에 기초한 철학은 진리를 주장하긴 하지만 파멸과 영원한 죽음밖에 제공하지 못합니다. 그래서 바울은 비기독교 철학을 "헛된 속임수"라고 말하고 있는 것입니다. 많은 사람들이 그리스도 없는 관점들로 인해 기만을 당하고 있습니다. 그러나 언젠가는, 거기에는 공허(空虛)뿐임을 그들도 발견하게 될 것입니다. 불신자들 가운데는 인간의 지식과 삶에 큰 공헌을 했던 많은 중요한 인물들이 있습니다. 그러나 비기독교 철학은 총체적으로 헛된 기만 외에는 그 어떤 잠재력도 소유하고 있지 않습니다.

언뜻 보면 바울이 지나치게 과장해서 표현했다는 생각이 들 수도 있지만 계속되는 그의 말에서 그렇지 않음이 확인

됩니다.

> 이것은 사람의 전통과 세상의 초등학문을 따름이요
> 그리스도를 따름이 아니니라(골 2:8)

비기독교적 사고의 여러 방면에서 발견되는 가치들에도 불구하고 그것을 공허한 속임수로 만들고야마는 한 가지 사실이 있습니다. 이는 비기독교적 사고에 스며 있는 공통적인 전제인데 곧 철학은 인간의 독립성에 기초해야만 한다는 주장입니다. 비기독교 철학은 중립적으로 기초한 철학이 아닙니다. 그것은 "사람의 유전(전통)"과 "세상의 초등 학문(원리)"에 대한 신봉에 기초하고 있습니다. 즉 독립적인 인간의 사고에 의해 그렇게 보이지 않는 한 그 어떤 것도 참일 수가 없다는 것입니다. 보다 정확하게 말하자면, 바울은 "그리스도를 따르기보다는" 사람을 따르는 것이라고 함으로써 이러한 신봉이 가지고 있는 진정한 종교적 성격을 잘 드러내 주고 있습니다. 다르게 말하면 모든 비기독교인은 (하나님으로부터) 독립적이기를 결심함에 있어서 그리스도의 주장을 거부하고 있는 것입니다. 심지어 중립성을 추구하는 사람들까지도 의심할 나위 없는 우주의 주님 되신 그리스도의 주장을 부인합니다. 기독교가 진리일 수도 있다고 말하는 것은 곧 기독교가 진리가 아닐 수도 있다고 말하는 것과 같은 것입니다.

그러나 하나님은 당신의 말씀에 대한 완전한 충성을 요구하십니다. 그 짧은 몇 마디 속에서 바울은 비기독교적 철학의 핵심을 간파하고 있는 것입니다. 의도치 않은 비일관성의 경우를 제외하고 비기독인들은 그들이 상정한 독립성의 원리 외에는 그 어떤 원리에 따라서도 사고하거나 행동하지 않습니다. 불신자는 하나님의 소명과 중생을 받은 이

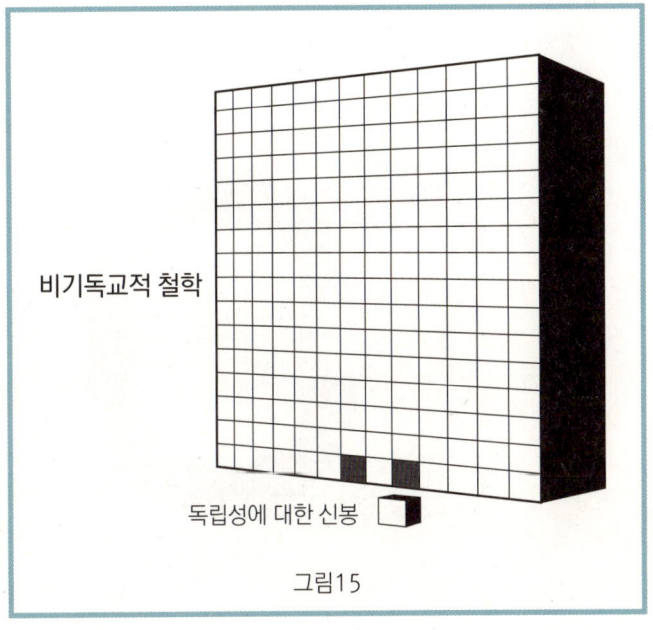

그림15

후에만 이와 다르게 행할 수 있게 됩니다. 이런 의미에서 비기독교 철학은 독립성에 대한 신봉이라는 한 가지 기둥에 전적으로 기초하고 있는 큰 빌딩에 비교할 수 있습니다(그림 15를 보라).

독립성에 대한 신봉은 비기독교 철학에 있어서 대단히 근본적인 것으로 이들이 아무리 그렇지 않다고 부인하더라도 자신의 입장을 유지하기 위해 제공하는 모든 논거는 실상 그 위에 기초하고 있습니다. 비기독인에게 자신의 종교적 입장에 대한 이유를 물어본다면 여러 가지 방식으로 답을 하겠지만 결국 항상 자신의 독립성의 원리에 따라 타당

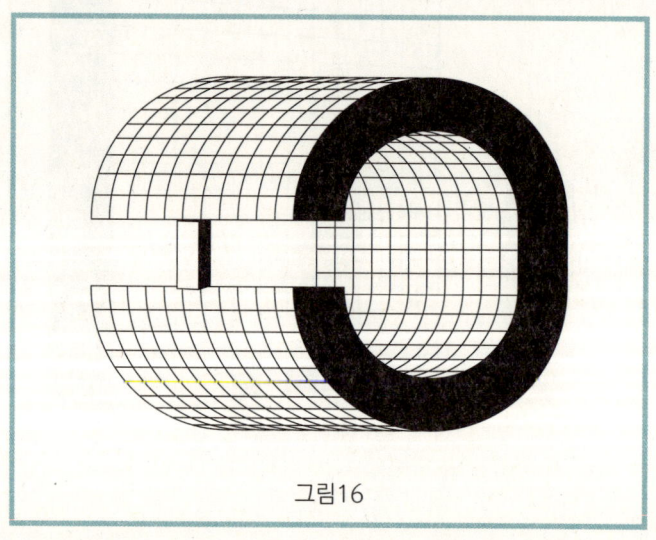

그림16

해 보이는 이유에 입각하여 답을 할 것입니다. 비기독인은 스스로의 경험들을 통해 자신이 독립적임을 알게 되었다고 주장할 수도 있겠지만 실상 그 경험들에 대한 자신의 신뢰 역시 독립성의 신봉 그 자체에 근거하고 있는 것입니다. 따라서 비기독교 철학은 빌딩의 꼭대기가 그 기초를 지지하고 있는 빌딩에 비교할 수 있을 것입니다. 그래서 그 밑에는 단단한 지반이 전혀 없습니다(그림 16을 보라). 확실히 비기독교 철학은 "사람의 전통(유전)"에 따른 철학입니다.

B. 딜레마

인간이 창조주와 피조물 사이의 구분을 배척하면서 하나님으로부터의 독립을 신봉하는 일은 참 지식을 획득할 수 있는 모든 가능성을 제거해 버리는 일입니다. 그렇게 함으로써 회피할 수 없는 딜레마에 빠짐과 동시에 그 죄악된 사고의 허망함을 나타내게 됩니다. 고대 헬라에서 동일한 배우가 가면을 바꿔 써가면서 여러 역할을 감당했던 것과 유사하게 영적으로 눈멀고 귀먹고 벙어리가 된 불신자들은 절대적인 확신 가운데 창조주와 피조물 사이의 구분은 잘못된 것이라고 주장합니다. 그래서 불신자는 절대적 확신성이라는 가면을 쓰고 있습니다. 그러나 하나님으로부터 떠날 때 불신자는 지식의 확고한 근거를 잃어버리는 위치에 처하게 되며, 따라서 이제 전적 불확실성이라는 가면을 쓰게 될 수밖에 없습니다. 불신자는 상황에 따라 그 둘 중 한 가지 가면을 쓰게 되는데 쓰고 있는 가면 뒤에서 불신자는 절대적으로 확실하면서 동시에 전적으로 확실하지는 않다는 풀 수 없는 딜레마에 사로잡히게 됩니다. 이러한 비기독교적 주장의 가면을 벗겨버리는 일과 그 딜레마를 노출시키는 일은 기독교의 성경적 변증에 있어서 중요한 부분을 차지하고 있습니다. 따라서 우리는 이 비기독교적 사고의 딜레마를 보다 자세히 살펴보지 않을 수 없습니다.

한편으로 비기독인이 절대적 확실성을 소유하고 있다고 주장한다면 그것은 자신의 전적 불확실성을 무시함으로써만 가능한 것입니다. 이미 예증한 것처럼 참 지식의 유일한 근원을 거부함으로 유한한 사변(思辨)에 내어 버려진 비기독인에게 있어서 확실성이란 불가능한 것입니다. 불신자가 변함없이 어떤 관점을 주장하기 위해서는 인간으로서의 자신의 인식의 유한성과 자신이 하나님께 반역했다는 사실을 전적으로 무시함으로써만 가능합니다. 다른 한편으로 불신자가 인간의 아는 능력에 의구심을 가지면서 전적 불확실성을 주장한다고 할 때 그것은 자신의 그러한 견해가 실상은 절대적 확실성의 표현임을 무시함으로써만 가능한 것입니다. 이러한 전적 불확실성의 입장은 종종 거만성과 독단성을 피하기 위한 시도로서 불신자들에 의해 제시됩니다. 불신자는 우리는 생각하는 것과 알고 있는 것에 대해 완벽하게는 확신할 수 없다고 말하거나 우리는 단지 "개연적인 진리(probable knowledge)"만 알 수 있을 뿐이라고 말하기도 합니다. 이러한 입장은 표면상으로는 덜 고집스러워 보일지 모릅니다. 그러나 실상 이 말은 전적 불확실성뿐만 아니라 절대적 확실성 또한 나타내고 있는 진술입니다. 인간의 지식에 있어서 전적 불확실성을 주장하는 비기독인들은 말하기를 "절대적인 확실성이 없다는 것은 절대적으로 확실하다."고 합니다. 불신자가 이런 견해를 계속해서 견지할 수 있는 것은 이를 위해서 얼마나 자신이 절대적으로 확실할 수 있어야만 하는지를 무시함으로만 가능한 것입니다.

이 시점에서 어떻게 비기독교 철학이 절대적 확실성과 전적 불확실성을 동시에 드러내고 있는지를 예증하는 것이 도움이 될 것입니다. 인간 사고의 주된 세 가지 관심사에 대해 숙고해 봄으로써 이 점을 살펴볼 텐데 '하나님'과 '외부 세계' 그리고 '인간 자신'이 그것입니다. 살펴볼 예증들은 설명을 위한 몇 가지 단순한 경우를 제시하는 것이므로 철저한 예증들은 못 됩니다. 그럼에도 이 내용들은 성경적 변증학을 위해서 대단히 중요한 것들입니다. 따라서 이후에 뒤따르는 과에서도 계속 논의될 것입니다.

1. 하나님에 관하여

비기독교 철학의 어리석음이 나타나는 또 다른 한 가지 모습은 하나님의 존재에 관한 질문 앞에서입니다. 불신자 가운데는 하나님은 계시지 않는다고 절대로 확신하는 무신론자가 있을 수 있습니다. 그러나 이러한 견해를 주장함에 있어서 불신자는 우주와 그밖의 영역에 대한 자신의 조사(investigation)는 제한된 것이며 이 점이 하나님의 존재에 대한 자신의 그와 같은 입장을 전적으로 불확실한 것으로 만든다는 사실을 무시하고 있는 것입니다. 불신자는 하나님의 존재에 관해서 가능한 모든 증거를 다 조사하지 않았기 때문에 하나님이 존재하지 않는다고 절대적으로 확실하게 주장할 수는 없는 것입니다. 그렇다고 불신자가 하나님의 존재 여부는 불확실하다고 점잖게 주장할 수 있다는 뜻은 아닙니다. 이런 불가지론(不可知論)의 입장을 취하는 불가지론자는 무신론자가 처해 있는 것과 같은 딜레마에 빠지게 됩니다. 불신자가 불가지론을 주장하면서 취하는 그 전적 불확실성은 필연적으로 절대적 확실성을 내포하게 됩니다.

즉 하나님에 대해 확신할 수 있는 것은 아무것도 없다는 전적 불확실성을 주장하면서 동시에 하나님은 사람들의 순종이나 인정을 요구할 만큼 자신을 충분히 나타내지 않았다고 절대적으로 확신하는 것입니다. 불가지론자는 하나님의 존재가 불확실하다는 사실에 대해서 절대적으로 확신합니다. 그 결과 불신자는 하나님에 대한 자신의 반역의 어리석음을 드러내지 않고서는 하나님의 존재를 부인할 수도 혹은 알 수 없다고 주장할 수도 없는 것입니다.

2. 외부 세계에 관하여

불신 철학의 딜레마는 피조 된 환경에 대해서 그들이 말하고 있는 것에서도 확인되고 있습니다. 일례로 비기독인이 이 세계가 어떤 의미에서는 질서 있고 이해 가능한 것이라고 말할 때 절대적 확실성의 주장이 나타납니다. 즉 그가 식별하는 질서는 정말 실제적으로 거기 있는 것으로 절대적으로 확신하고 있는 것입니다. 그러나 비기독인은 전적 불확실성으로부터 사유로울 수 있을 정도로 외부 세계 전부를 완전히 연구하지도 않았고 또 연구할 수도 없습니다. 이렇게 알려지지 않는 부분이 현존한다는 점이 불신자가 안다고 주장하는 모든 것을 의심에 부칠 수 있는 근거가 될 수 있는 것입니다. 외부 세계에 관한 전적 불확실성은 세계가 질서 없이 우연에 의해 지배되고 있고 그래서 무의미로 뒤덮여 있다는 개념을 종종 동반합니다. 분명한 것은 불신자가 이런 식으로 세계에 대한 앎의 가능성을 부인할 때마저도 자신이 세계의 성격에 대해서 절대적으로 확실한 하나의 진술을 하고 있다는 점입니다. 즉 세계는 무질서의 성격으로 형성되어 있으며 이는 단순한 우연의 산물이라는 사실에 대해서 확실히 알고 있는 것입니다. 그래서 다시 한 번 불신자는 절대적 확실성과 전적 불확실성을 동시에 소유하게 되는 딜레마에 빠져 있게 됩니다.

3. 인간에 관하여

불신자들이 하나님과 세계에 관해서 그들의 생각의 어리석음을 나타내고 있다는 사실은 그리 놀랄만한 일이 아닙니다. 이제 비기독인은 자기 자신에 관해서도 역시 이 문제를 모면할 수 없습니다. 이 절대적 확실성의 입장은 비기독인이 인간을 설명하는 일에서도 나타납니다. 불신자는 하나님의 형상이라는 성경적 인간의 모습을 어떻게든 왜곡하면서 하나님께 의존하지 않는 그들 자신의 인간관으로 대치합니다. 그래서 인간은 단순히 동물 혹은 신적인 존재로 생각되기도 하고 중요한 존재로 혹은 중요하지 않은 존재로 생각되기도 합니다. 어떠한 입장이든지 간에 절대적 확실성의 주장을 하고 있는 불신자는 인간에 대한 자신의 유한한 이해가 그것을 다시금 전적 불확실성으로 몰아갈 수도 있다는 점을 무시하고 있는 것입니다. 다른 한편으로 불신자들 가운데는 인간이란 무엇인지에 대해서 확신할 수 없다고 보는 사람들도 있습니다. 그럼에도 그의 전적 불확실성은 인간의 참 성격은 파악될 수 없는 것이라고 확신하는 절대적 확실성의 진술입니다. 그래서 심지어 불신자 자신의 존재의 본성에 관한 생각에 있어서까지도 하나님을 대적하는 모든 반역적 사고의 딜레마를 회피할 수 없게 됩니다.

무엇을 주장하고 고백하든지 간에 불신자는 어쩔 수 없이 절대적으로 확실한 동시에 전적으로 불확실할 수밖에 없습니다. 결과적으로 불신자는 하나님과 세계 그리고 인간에 대해서, 심지어 그것들에 관하여 불확실하다는 것에 대해서마저도 아무것도 단언할 수 없는 것입니다. 비기독교 철학은 하나님으로부터의 독립성을 근간으로 하고 있으며 이 점이 그들을 어리석음과 절망의 상태로 몰아가고 있는 것입니다.

변증학에서 우리는 불신자들과 그들의 사고방식을 다루게 됩니다. 따라서 그들이 가진 견해의 성격을 아는 일은 중요합니다. 위에서 우리가 불신 사고의 구조와 딜레마에 대해 포괄적인 예증들을 들지는 않았지만 그것들은 모든 비기독교적 사고에서 공통적으로 나타나는 요소들로서 기독교 변증가가 꼭 이해해야 할 내용들입니다.

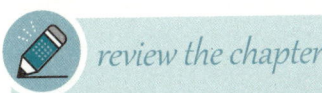
review the chapter

1. 모든 비기독교 철학은 어떻게 불신자의 독립성에의 신봉에 기반을 두고 있습니까?

2. 독립성에의 신봉은 왜 지지될 수 없습니까?

3. 모든 비기독인들이 직면하는 딜레마는 무엇입니까?

4. 하나님과 세계 그리고 인간에 관한 비기독교적 사상의 딜레마에 대해 설명해 보십시오.

모든생각을사로잡아 | chapter 07
기독교적 관점

우리가 세상의 영을 받지 아니하고
오직 하나님으로부터 온 영을 받았으니
이는 우리로 하여금
하나님께서 우리에게 은혜로 주신 것들을
알게 하려 하심이라

고린도전서 2:12

chapter 07
기독교적 관점

> 누가 철학과 헛된 속임수로 너희를 사로잡을까 주의
> 하라 이것은 사람의 전통과 세상의 초등학문(원리)
> 을 따름이요 그리스도를 따름이 아니니라(골 2:8).

앞에서 우리는 비기독교적 관점이 지닌 불가피한 딜레마와 그 구조를 살펴보았습니다. 이제 우리는 비기독교 철학을 기독교 철학과 비교해 보도록 합시다. 이를 위해 먼저 우리는 기독교 철학의 성격을 제시한 후 이어서 양자 사이에 존재하는 관계를 논하기로 하겠습니다.

A. 구조

비기독인과는 달리 그리스도를 믿는 신자는 흑암의 어리

석은 것들 이상의 것을 알 수 있는 사람입니다. 바울은 이렇게 말합니다.

> 우리가 세상의 영을 받지 아니하고 오직 하나님으로부터 온 영을 받았으니 이는 우리로 하여금 하나님께서 우리에게 은혜로 주신 것들을 알게 하려 하심이라 (고전 2:12)

기독인은 하나님의 계시의 진리를 알고 따를 수 있는 자로서 독립적인 인간적 관점을 따르지 않는 철학을 만들어 냅니다. 실제로 신자는 하나님을 기쁘시게 하는 철학을 발전시킬 수 있습니다. 이유는 기독교적 관점의 근간을 이루고 있는 종교적 성향에서 발견됩니다. 골로새서 2장 8절에서 비기독교 철학을 묘사한 이후 바울은 기독교 철학에 있어서 근본적이라 할 수 있는 종교적 성향의 본질을 설명합니다.

> 그(그리스도) 안에는 신성의 모든 충만이 육체로 거하시고 너희도 그 안에서 충만하여졌으니 그는 모든 통치자와 권세의 머리시라(골 2:9-10)

여기에서 바울은 그리스도에 입각한 기독교 철학을 해야 할 이유를 나열하고 있습니다. 이 점에 있어서 바울은 중요한 세 가지 개념을 설명합니다. 첫째, "그 안에는 신성의 모든 충만이 육체로 거하시고"라고 했습니다. 그리스도는 육체의 형태를 입으신 하나님이시므로 철학은 그리스도와 성경에 계시된 그의 말씀에 대한 신봉에 기초해야 합니다. 하나님만이 홀로 우주를 철저하고도 완벽하게 아십니다. 하나님만이 홀로 인간에게 진리를 가르칠 수 있습니다. 그리스도가 하나님이시므로 공허한 허상이 아닌 관점을 갖기 위해서는 우리는 스스로 그리스도를 신봉해야 합니다. 둘째, "너희도 그 안에서 충만하여졌으니"라고 했습니다. 믿음 안에서 그리스도와의 연합에 의하여 우리는 하나님과 세계 그리고 우리 자신을 올바로 볼 수 있게 되었습니다. 우리 삶의 근본적인 신봉으로서의 그리스도에 대한 신앙이 없다면 참된 철학을 갖는 일은 불가능합니다. 바울이 제시하는 그리스도에 입각한 철학을 가져야만 하는 세 번째 이유는 "그는 모든 통치자와 권세의 머리시라"는 것입니다. 하나님에 대한 전적 의존성 외에 다른 원리를 더 기본적인 것으로 신뢰하는 일은 그리스도를 능가하는 또 하나의 권위가 있음을 가정하는 일입니다. 그러나 그리스도를 소송할 수 있는 법정은 없습니다. 그리스도를 판단할 수 있는 심판자도 없습니다. 그러므로 그가 선언하시는 것은 의심 없이 받아들여져야 하는데 이는 그가 만물 가운데 절대적 주권자이시기 때문입니다. 기독교 철학의 모든 국면은 하나님에 대한 의존성이라는 이 한 가지 헌신성(신봉)에 기초해야만 합니다. 기독교 철학은 그리스도에 대한 의존성이라는 한 가지 충직한 기둥에 의해 유지되는 큰 빌딩에 비교될 수 있습니다(그림 17을 보라).

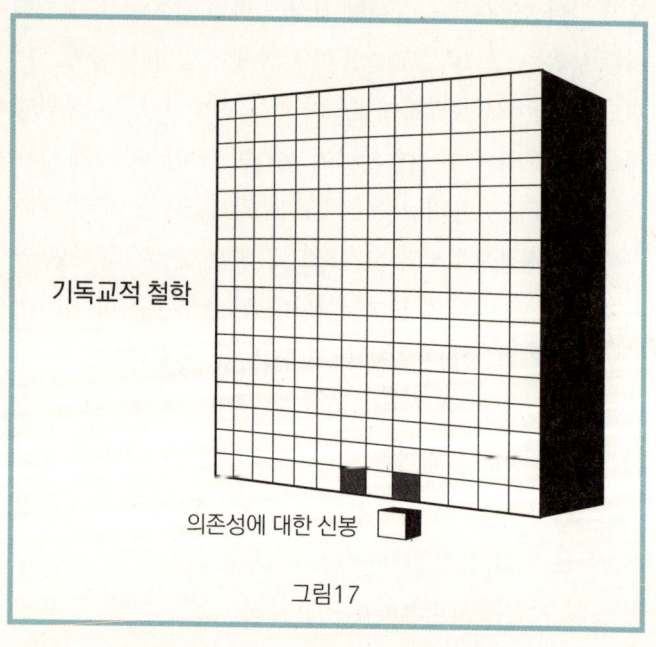

그림17

하나님 의존성에 대한 기독인의 신봉은 자주 두 가지로 오해되기도 합니다. 먼저는 그리스도에 대한 신봉은 교회와 관련된 일들에 관한 것뿐이라고 보는 것입니다. 소위 세상 일이라고 불리는 것들은 이 신봉에 영향을 받지 않는다고 여기는 것입니다. 그러나 이런 생각은 잘못된 것인데 의존성의 원리에 대한 신봉은 삶의 모든 영역에 미치기 때문입니다. 심지어 농사하는 일에서도 신자는 그 지식이 하나님으로부터 기인한 것임을 인정하게 됩니다.

> 지면을 이미 평평히 하였으면 소회향을 뿌리며 대회향을 뿌리며 소맥을 줄줄이 심으며 대맥을 정한 곳에 심으며 귀리를 그 가에 심지 아니하겠느냐 이는 그의 하나님이 그에게 적당한 방법을 보이사 가르치셨음이며(사 28:25-26)

우리가 가진 모든 지혜와 지식은 하나님으로부터 옵니다.

> 땅의 짐승들보다도 우리를 더욱 가르치시고 하늘의 새들보다도 우리를 더욱 지혜롭게 하시는 이가 어디 계시냐고 말하는 이도 없구나(욥 35:11)

모든 일에 있어서 기독인은 하나님께 의존하면서 다음과 같은 원리에 의해서 모든 것을 다루려고 합니다.

> 또 무엇을 하든지 말에나 일에나 다 주 예수의 이름으로 하고 그를 힘입어 하나님 아버지께 감사하라(골 3:17)

다른 한편으로 하나님에 대한 전적 의존성에의 기독인의 신봉은 기독교 철학이 단지 성경을 읽고 기도만 하는 것을 의미하는 것으로 가끔 오해되기도 합니다. 물론 그것들은 중요한 일이지만 기독인이 성경과 기도로부터 그 철학의 전부를 얻는 것은 아닙니다. 기독인의 철학적 작업에 대한 이런 부적절한 시각은 그릇된 것입니다. 세계를 바라보면서 기독인은 능동적인 연구와 조사를 통해서 의문에 대한 대답을 발견합니다. 하나님은 성경에서 모든 세세한 질문들에 대한 대답을 계시하지는 않았습니다. 그러나 하나님은 우리의 철학을 형성할 수 있는 지침들을 마련해 놓았습니다. 노아에게 방주를 지으라고 명령하신 하나님은 특별 계시로 특정한 지침들을 열거하셨지만 세세한 것들은 그런 계시된 원리들을 상황에 적용함으로 획득할 수 있었습니다. 일례로 하나님은 노아에게 방주를 밀폐하라고 하셨지만 어느 정도의 타르를 사용할 것은 구체적으로 말씀하지 않았습니다. 그래서 노아는 방주에 물이 새는 것을 방지하기 위해서 어느 정도의 타르를 사용해야 할지를 알아내야 했습니다. 신자는 "땅을 정복하고 다스리라"는 명령을 받았지만(창 1:28) 이 일을 위한 모든 국면에 필요한 자세한 내용들이 주어진 것은 아닙니다. 기독교 철학은 단순히 성경을 읽고 기도하는 것만이 아닙니다. 기독교 철학이란 성경의 원리에 의해 규제되는 능동적 작업입니다(그림 18을 보라).

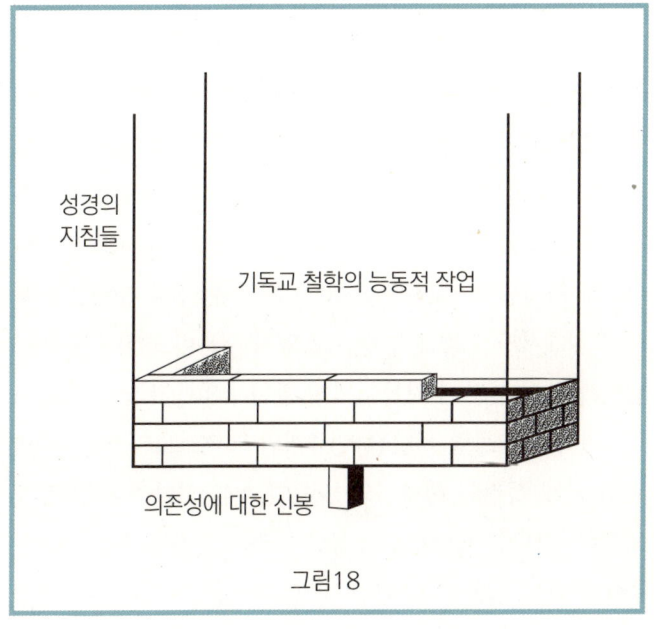

기독교적 관점

비기독인과는 달리 기독인은 그 종교적 확신 이면에 하나님에 대한 의존성이라는 확고한 기초를 소유하고 있습니다. 기독인이 어떤 증거에 의해 그의 하나님에 대한 의존성을 정당화하려 한다면 그 증거 자체가 인간의 의존성에 기초하게 됩니다. 일례로 기독인은 우주의 광대성과 비교해 볼 때 자신의 지적 능력이란 매우 유한한 것이기에 하나님을 의존한다고 주장할 수 있을 것입니다. 그러나 그렇다 하더라도 그것은 하나님에 대한 인간의 의존성이 이미 인정되어야만 설득력을 갖게 됩니다. 비기독교 철학과 마찬가지로 기독교 철학에도 역시 순환성(circularity)이 있습니다. 하지만 한 가지 중요한 차이가 존재합니다. 기독교 철학에서는 하나님에 대한 인간의 의존성이라는 개념이 궁극적인 지지를 얻기 위해 그 자체에 의존하지 않는다는 점입니다. 기독교 철학은 하나님과 그의 계시라는 굳건한 토양 위에 기초하고 있습니다. 왜 하나님께 의존하느냐고 누가 묻는다면 기독인은 하나님의 계시가 그렇게 명령하고 있기 때문이고 성경은 하나님의 말씀인 까닭에 기독인에게 권위가 있다고 답할 것입니다. 기독인은 성령 하나님이 증기와 그리스도의 구속 사역으로 인해 성경이 하나님의 말씀인 것을 안다고 주장할 것입니다. 하나님, 그리스도, 성령 그리고 성경 모두는 서로를 증명해 주고 있으며 이 권위 외에 호소할 수 있는 궁극적인 권위란 존재하지 않습니다. 신자에게 있어서 하나님 그 분 외에는 하나님의 권위에 대해 맹세할 수 있는 더 크고 권위 있는 그 무엇도 존재하지 않습니다(그림 19를 보라).

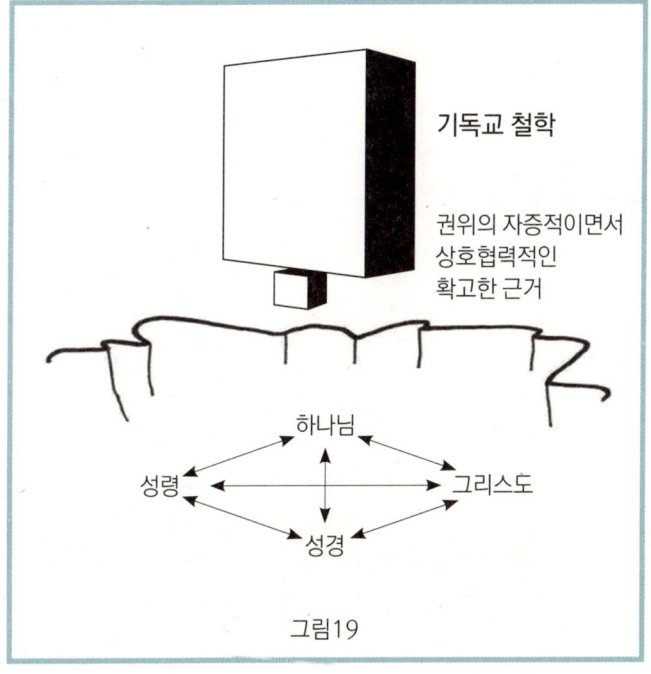

그림19

이 점에 있어서 자주 하나님 의존성에 대한 기독인의 신봉 자체도 하나의 독립적인 결정이라는 비판이 기독인들에게 가해집니다. 다시 말해서 비기독인은 주장하기를 하나님에 대한 의존성이라는 것을 상정하는 것 자체가 기독교가 세상에서 가장 훌륭한 종교라는 것을 결정하기 위한 독립된 과정이라고 말합니다. 물론 비기독교적인 관점에서 볼 때 이러한 주장은 일리가 있는 것처럼 보일 것입니다. 그러나 기독인은 그 의존성에 관해서 자신이 독립적인 결정을 내린 이후에 자신 스스로 하나님에 대한 의존성을 신봉한 것이 아님을 알고 있습니다. 기독인은 자신의 뜻과는 무관하게 하나님의 중생의 은혜를 입었습니다. 그렇다면 기독인은 전적 의존성을 신봉하게끔 힘입게 된 것입니다.

> 그런즉 원하는 자로 말미암음도 아니요 달음박질하는 자로 말미암음도 아니요 오직 긍휼히 여기시는 하나님으로 말미암음이니라(롬 9:16)

그리스도에 대한 신봉을 형성하는 독립적인 인간의 선택이란 없습니다. 당신 자신과 그 계시를 나타내시는 창조주 홀로 기독교 신앙이 서 있는 토대가 됩니다.

기독인과 비기독인 모두가 그 주장에 있어서 순환성을 수반하고 있습니다. 우리의 확신의 가장 기초를 이루는 부분을 다루고자 할 때에 순환성은 피할 수 없는 것입니다. 그러나 양자 사이에 있는 중요한 구분을 직시해야 합니다. 비기독교적 순환성은 독립적인 사고에 의한 독립성이라는 가정을 정당화하기 위한 노력으로 이루어져 있으며 이것은 그리스도에 대한 신앙 없이는 어쩔 수 없는 죄인의 무능력에 기인합니다. 그러나 기독교적 순환성은 하나님과 그 말씀의 권위보다 더 궁극적인 것은 없다는 사실에 대한 인식으로 이루어져 있습니다. 전자는 그것 자체를 지지하기 위해 분투하는 부질없는 사고에 대한 증거입니다. 후자는 더 이상의 다른 지원 없이 오직 만물의 창조주이신 하나님께로만 돌아가고자 하는 중생 받은 정신에 대한 증명입니다. 순환성이라는 유사성에도 불구하고 이러한 차이점은 두 세계관 사이에 엄청난 간극을 형성하고 있으며 오직 하나님의 중생의 은혜를 경험한 자만이 그 간극을 극복할 수 있는 것입니다.

B. 해답

기독교 철학은 비기독교적 딜레마의 헛됨에서 벗어날 수 있는 근거를 제공합니다. 인간의 확실성에 대한 근거와 불확실성에 대한 해답은 그리스도 안에서 발견됩니다. 기독교 철학을 지탱하고 있는 것은 하나님과 그 계시에 기초한 하나님 의존성에 대한 신봉입니다. 왜냐하면 하나님은 모든 지식의 근원이기 때문에 기독인은 확실성과 불확실성 사이의 갈등을 조화시킬 수 없는 문제에 직면하지 않게 됩니다. 물론 기독교 철학에도 확실성과 불확실성이 공존하지만 이것은 그리스도의 주님 되심 아래에서 상호 동반적 관계를 맺고 있습니다.

한편 기독인에게는 인간의 지식이 하나님의 계시에 의존하고 있는 한 확실성을 소유할 수 있습니다. 우리의 철학을 하나님과 그 계시에 기초한다는 것은 계시된 일들을 확신 가운데 수용함을 의미합니다. 비기독인과는 달리 기독인의 확실성은 알지 못하는 것들이 있다는 사실 때문에 손상되지 않습니다. 하나님은 모든 것을 완전하게 아시므로 유한성에 직면해 있는 인간에게도 그런 확실성을 제공하실 수 있습니다. 하나님과 세계 그리고 자신을 이해하는 일에 있어서 하나님께 의존하는 한 인간은 오류에 대한 걱정 없이 진정으로(truly) 알 수 있게 됩니다.

다른 한편으로 기독인에게도 불확실성이 존재합니다. 즉 기독인은 자신이 만물에 대한 지식을 모두 간파할 수 없음을 인정합니다. 하나님이 계시하지 않은 우리의 이해력을 초월하는 문제들이 있습니다. 이런 영역에서 기독인은 불확실성을 고백하면서 하나님의 지혜와 지식을 신뢰하게 됩니다. 예를 들어서 신자는 그리스도의 인성(人性)와 신성(神性)의 신비를 풀 수 없습니다. 그럼에도 신자는 이 문제가 하나님께는 신비가 아닌 것을 믿으면서 이것이 진리임을 받아들이는데 왜냐하면 하나님께서 그렇게 말씀하셨기 때문입니다. 하나님께 의존하는 것은 우리의 지력이 미치지 못하는 영역에 있어서 하나님을 신뢰하는 것입니다. 이런 의미에서 기독인은 의존적 불확실성을 가지고 있다고 할 수 있습니다.

기독인과 비기독인 각자가 가지고 있는 확실성과 불확실성 간의 차이를 분명히 하기 위해서 이 문제에 대한 기독교적인 관점을 몇 가지 일례를 들어 살펴보도록 하겠습니다. 불신자는 절대적 확실성과 전적 불확실성의 딜레마에 놓여 있습니다. 그러나 기독인은 이 어려움에 대한 해결책을 의존적 확실성과 의존적 불확실성에서 찾습니다. 이 해결책이 어떻게 하나님과 세계 그리고 인간에 대한 기독교적 개념과 상관이 있는지를 확인해 보도록 합시다.

1. 하나님에 관하여

기독인은 성경에서 하나님의 계시를 진리로 받기 때문에 하나님의 존재와 성격에 관해서 의존적 확실성을 소유하고 있습니다. 하나님은 말씀하셨고 자신을 계시하셨으므로 그 아들을 온전히 믿는 자들은 하나님을 알 수 있습니다. 그럼에도 기독인은 하나님에 대해서 다 알고 있는 것이 아니기 때문에 의존적인 불확실성을 소유하고 있습니다. 하나님은 어떤 문제는 감추어 놓으셨습니다. 더구나 계시되었으므로 마땅히 알 수 있는 일들마저도 신자의 삶에서 여전히 잔존해 있는 죄의 세력으로 인해 알지 못하게 되는 경우도 있습니다. 그럼에도 불구하고 이 불확실성은 기독인이 하나님에 관하여 알고 있는 것들을 손상시키지는 않는데 그 이유는 하나님이 모든 지식과 지력을 소유하고 계시며 기독교 철학은 이 전지하신 하나님의 계시에 의존하고 있기 때문입니다.

2. 세계에 관하여

기독교 철학은 외부 세계를 다루는 데에 있어서도 비기독교적 사고의 딜레마에 봉착하지 않습니다. 기독교적 관점에 입각할 때에는 의존적 확실성을 갖게 되는데 그 이유는, 하나님은 이해가능한 질서 있는 세계를 창조하셨으며 이것을 이해할 수 있도록 성경을 통해 지침들을 제공해놓고 계심을 성경이 우리에게 알려주고 있기 때문입니다. 동시에 몇 가지 이유들로 인해 기독교적 관점에는 의존적 불확실성도 나타납니다. 성경의 가르침을 전 우주의 다양한 국면에 적용시키는 일은 시간이 필요한 작업입니다. 더구나 죄의 현존은 기독인도 성경을 방관할 수 있고 세계와 성경에 대해 오해할 수 있음을 시사해 줍니다. 결론적으로 기독교 철학은 외부 세계를 고찰함에 있어서 의존적 확실성과 의존적 불확실성을 가지고 있습니다.

3. 인간에 관하여

자신을 고찰함에 있어서 기독인은 또 다시 의존적인 확실성과 불확실성을 가지고 있습니다. 하나님께서 성경에 계시하셨으므로 기독인은 자신이 하나님의 형상임을 알고 있습니다. 그런데 외부 세계에 대해서도 우리에게 알려지지 않은 국면이 있는 것처럼 우리 자신에 관해서도 기독인이 이해할 수 없는 신비들이 있습니다. 더구나 죄는 신자로 하여금 오해하도록 하기도 하고 가끔 자신의 본성에 대한 진리를 거부하게 하기도 합니다. 그럼에도 불구하고 기독인은 하나님이 인간의 성격을 완전히 이해하고 있다는 사실을 굳게 믿습니다. 그래서 기독인은 의존적으로 확실성을 소유하면서 또한 의존적으로 불확실성을 소유하게 되는 것입니다.

비기독인은 하나님과의 관계를 단절시키고 하나님의 심

판의 딜레마에 빠져들게 되었지만 기독인은 하나님께 다시 연합되어 이제 확실성을 위해 필요한 확신과 불확실성에 대한 해결책을 하나님 안에서 발견하게 된 것입니다.

C. 중립성의 신화

우리는 기독교 철학과 비기독교 철학 사이의 차이를 살펴보았습니다. 이제 우리가 파악해야 할 중요한 일은 이 두 가지 견해만이 인간이 취할 수 있는 입장이라는 점입니다. 물론 기독인과 비기독인 모두가 자신들의 입장에 대해서 다소는 일관성이 결여될 수도 있습니다. 그러나 이 두 철학들 사이에는 중립적인 영역이 존재하지 않습니다. 이런 성경적 관점과는 대조적으로 비기독인들과 어떤 기독인들은 의존성 혹은 독립성에 충실한 것 외에 인간이 취할 수 있는 중립적 입장이 존재할 수 없다는 사실을 인식하지 못합니다. 물론 드러내 놓고 자신의 종교적 신앙을 나타내는 자들이 있으므로 모든 불신자들이 중립성을 주장하는 것은 아닙니다. 그럼에도 특별히 과학에 대한 20세기적 도취라는 틀 속에서 많은 비기독인들은 자신들은 근본적인 입장이 없다고 주장하거나 혹은 중립적인 입장에서 세계를 조망함으로써 현재의 자신들의 관점에 도달하게 되었다고 주장합니다. 오늘날 여기저기서 "나는 있는 그대로의 객관적인 사실들을 다루길 원한다. 나는 종교적인 문제들에서는 멀리하고 싶다."라는 말들이 들려오곤 합니다. 아무리 좋은 의도에서 한다고 해도 이런 말을 하는 비기독인들은 결코 중립적이지 않습니다. 그들은 심지어 중립성을 추구하는 것 자체가 그리스도를 배척하는 일임을 깨닫지 못하고 있을 뿐입니다. 그리스도는 '중립적 정직성(neutral honesty)'을 요구하시는 게 아닙니다. 왜냐하면 그와 같은 입장은 독립성에 대해 충실한 하나의 위장된 형태에 불과하기 때문입니다.

> 나와 함께 아니하는 자는 나를 반대하는 자요 나와 함께 모으지 아니하는 자는 헤치는 자니라(마 12:30)

다소 이상하게 들리지만 어떤 의미에서 기독인들도 자주 중립성이라는 자리를 찾으려고 합니다. 사실 기독인과 비기독인 사이의 중립적 영역의 개념은 과거의 변증학에서 중심적인 개념이었습니다. 기독인들도 종종 기독교의 신빙성의 실상을 보여주기 위해서 그릇되게 신자와 불신자 사이에 공통분모(common ground)를 상정하기도 합니다. 성경적 변증학의 발전을 위해서 이러한 몇 가지 가정된 중립성의 개념들을 살펴보면서 왜 이것들이 결코 중립적이 아닌 것임을 파악하는 것은 중요합니다.

논리적 일관성(logical consistency)은 신자와 불신자가 공감할 수 있는 하나의 원리로 제시됩니다. 기독교가 참인 것을 비기독인에게 보여주고자 할 때 우리는 하나님과 그리스도 그리고 성경에 대한 우리 믿음의 논리를 제시함으로 그 비기독인에게 하나님 나라까지는 아니더라도 최소한 그 방향성만큼은 논증해 보일 수 있다는 입장입니다. 그러나 조심해야 합니다. 기독인과 비기독인 모두가 잘 정돈된 사고의 필연성에 동감할 수는 있어도 논리의 한계성과 기능에 대한 기독교적 개념은 불신자의 개념과는 상당히 차이가 있습니다. 인간의 이성은 아무리 순수하고 가장 정교한 형태라 하더라도 피조적인 것이고 이성을 사용하는 인간의 태도에 영향을 받기 마련입니다. 논리는 중립적이지 않습니다.

때때로 감각 경험(sense experience)이 중립성의 영역으로 제시되기도 합니다. 비기독인이 보고 듣는 것은 기독인이 보고 듣는 것과 동일한 것이기 때문에 여기에는 작용할 수 있는 중립적 분모가 있다는 것입니다. 그러나 우리가 기어해야 할 것은 양자 모두가 동일한 정보에 노출되지만 기독인은 그 주어진 정보를 하나님의 계시의 빛에 비추어 있는 그대로를 이해하고자 하는 반면 비기독인은 독립성에 대한 그들의 신봉에 입각하여 세계를 그릇되게 구성하는 데에 전념한다는 사실입니다. 실상 신자와 불신자가 공통적으로 공유하는 소위 과학적 사실들이란 없습니다. 심리학, 생물학, 역사, 수학, 철학, 신학 등의 영역에 있는 과학의 사실들은 기독인과 비기독인에 의해서 다르게 이해되고 있기 때문에 여기에는 중립성이 존재하지 않는 것입니다. 양자가 근본적으로 취하고 있는 입장의 영향이 없이 단순히 '사실들(facts)'에 대해 논의할 수 있는 중립적 토대는 없습니다. 기독인으로서 사실들을 이해하든지 아니면 비기독인으로서 사실들을 이해하든지의 양립만이 존재할 뿐입니다.

가끔 이 점에 대해서 다음과 같은 반론이 제시되기도 합니다. 그렇다면 어떻게 기독인이 효과적으로 비기독인과 의사소통을 할 수 있겠습니까? 이 질문에 대한 답으로는 신자와 불신자 사이에는 실제적 일치점이 없고 중립성이 없지만 우리가 살고 있는 세계와 우리가 하나님의 형상으로 지음 받았다는 사실 그리고 복음의 차등 없는 보편적 제공이라는 점이 공통적으로 존재함을 들 수 있습니다. 기독인과 비기독인 모두는 동일한 세계에 살고 있습니다. 우리는 같은 보도를 걷고 같은 상점에서 물건을 사고 같은 음식을 먹습니다. 이런 의미에서 우리는 이 세상에서 동일한 물리적인 기능을 영위할 수 있습니다. 하나님의 형상을 가지고 있는 인간이기 때문에 타락한 인간도 사고하고 사물을 느끼고 인간의 언어를 사용할 수 있는 것입니다. 그렇다면 우리는 서로 의사소통을 할 수 있고 철저한 차이점은 현존하지만 실제적으로 표면적으로나마 일치를 볼 수 있게 됩니다. 더구나 하나님의 형상으로서 비기독인은 하나님과 하나님의 요구를 그 마음으로 알고 있습니다. 비록 스스로는 부인할지라도 피조세계의 모든 사실들은 그에게 하나님을 말하고 있습니다. 기독인이 하는 그 말들도 비기독인들이 완전히 회피할 수 없는 하나님에 대한 의식에 호소하는 것입니다. 마지막으로 우리가 효과적으로 비기독인들과 의사소통 할 수 있는 이유는 거듭나게 하는 성령의 역사가 항상 존재하고 있기 때문입니다. 듣지 못하던 귀에 들려진 복음에 의해서 성령은 사람의 마음을 여시고 그리스도를 믿게 하십니다. 중립성이 신화에 불과함을 인식하는 것은 불신자와의 효과적인 대화에 대한 모든 소망을 무산시키는 일이 결코 아닙니다. 실제로는 우리가 중립성이 없다는 것을 비로소 간파할 때에만이 비기독인의 그리스도의 필요성에 대해서 그와 적절한 대화의 장을 열 수 있게 되는 것입니다.

  오늘날 이 세상에는 두 가지 상반되는 견해가 존재하고 있습니다. 이러한 관점에 대한 이해가 없다면 성경적 변증학은 발전될 수 없습니다.

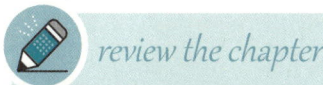

review the chapter

1. 기독교적 철학이 근본적으로 신봉하는 것은 무엇입니까?

2. 기독인들은 자신들의 신봉을 어떻게 정당화하고자 해야만 합니까?

3. 우리 신앙의 확고한 토대로서 하나님과 성경에 의존하는 것은 왜 중요합니까?

4. 기독교적 순환성은 비기독교적 순환성과 어떻게 다릅니까?

5. 비기독교적 사상의 딜레마에 대한 기독교적 해결책은 무엇입니까?

6. 기독교 체계에 있어서 의존적 확실성과 의존적 불확실성은 왜 상호보완적입니까?

7. 때때로 비기독인들과 기독인들은 중립성을 어떻게 주장합니까?

8. 만일 중립적인 토대가 존재하지 않는다면 신자들은 어떻게 불신자들과 효과적으로 의사소통을 할 수 있습니까?

모든생각을사로잡아 | chapter 08

태도와 행동

너희 마음에 그리스도를 주로 삼아 거룩하게 하고
너희 속에 있는 소망에 관한 이유를 묻는 자에게는
대답할 것을 항상 준비하되
온유와 두려움으로 하고 선한 양심을 가지라
이는 그리스도 안에 있는 너희의 선행을 욕하는 자들로
그 비방하는 일에 부끄러움을 당하게 하려 함이라

베드로전서 3:15-16

chapter 08
태도와 행동

> 너희 마음에 그리스도를 주로 삼아 거룩하게 하고 너희 속에 있는 소망에 관한 이유를 묻는 자에게는 대답할 것을 항상 준비하되 온유와 두려움으로 하고 선한 양심을 가지라 이는 그리스도 안에 있는 너희의 선행을 욕하는 자들로 그 비방하는 일에 부끄러움을 당하게 하려 함이라(벧전 3:15-16)

인간과 그 철학들에 대한 성경적 가르침의 몇 가지 국면들을 살펴보았으니 이제 실제적 변증학과 직접적으로 관계된 문제를 다루어 보도록 하겠습니다. 지금까지 살펴본 내용들도 신앙의 변호를 위한 배경으로서 그 중요성을 지니고 있지만 성경적 변증학의 '어떻게(how to's)'에 대해서 보다 많은 내용이 다루어져야 할 필요가 있습니다. 이번에는 신앙을 변호하기 위해 중요한 기본적인 태도와 행동에 초점을 맞춰봅시다.

이전에 우리는 베드로전서 3장 15절이 모든 신자들에게는 복음의 변증을 준비할 책임이 있다는 것을 설명하고 있음을 보았습니다. 본문을 자세히 살펴보면 우리에게는 변호를 하라는 통고뿐 아니라 어떻게 변호를 할 것인가에 대한 귀중한 지침들도 함께 주어져 있습니다. 베드로는 변증학의 태도와 행동을 다룸에 있어서 먼저 성경적 방법론의 필요성에 초점을 맞추면서 말하기를 "그리스도를 주로 삼아 거룩하게 하고"(3:15)라고 합니다. 둘째로 비기독인에게 접근하는 일에 있어서 "온유와 두려움"(3:15)의 태도를 언급합니다. 셋째로 "선한 양심"과 "그리스도 안에 있는 선행"(3:16)의 중요성을 말하고 있습니다. 그 순서를 바꾸긴 했지만 우리는 성경이 말하는 이러한 기본적인 범주를 따라가면서 성경이 풍성하게 말해 주고 있는 변증학과 우리의 삶, 우리의 접근법, 그리고 우리의 방법론과의 관계를 발견하게 될 것입니다.

A. 일관성 있는 삶

일관성 있는 매일의 기독인의 삶은 성경적 변증학에 있

어서 필요 불가결한 국면입니다. 너무 자주 기독인들은 실제적 변증학의 기교나 변증학적 이론에 지대한 관심을 두는 바람에 그들의 삶이 변증에 주는 영향력을 망각합니다. 그것을 망각한 나머지 기독교 변증학은 경건한 삶이라는 구체적인 간증도 없이 자주 격렬하고 공허한 말장난으로만 빠져들기 일쑤입니다. 이러한 점들을 잘 알기에 베드로는 독자들에게 오로지 "그리스도 안에 있는 선행"으로 인한 것 외에는 욕을 먹는 일이 없게끔 "선한 양심"을 가지고 살아갈 것을 경고하고 있습니다(벧전 3:16). 비기독교적 세상은 흔히 복음의 가치를 신자의 삶의 일관성으로 판단합니다. 교회와 직장 그리고 집에서 나타나는 기독인의 일관성 없는 삶이 복음의 변호를 비효과적으로 만듭니다. 때때로 불신자 앞에서 자신의 신앙을 변호하면서도 자기와 이견(異見)을 가진 기독 신자들을 공격하는 신자들을 볼 수 있습니다. 다른 신자들에 대한 공공연한 반박이 실상 그 자신의 신앙 변증에 해가 된다는 사실을 모르는 신자가 있습니다. 실상 교회 내의 분쟁과 싸움만큼 기독교 변증학에 있어서 더 큰 해가 되는 것은 없습니다. 예수는 세상을 향한 교회의 증거 사역에 있어서 교회가 화합하지 못할 때 미치는 영향에 대해서 이렇게 말씀하셨습니다.

곧 내가 그들 안에 있고 아버지께서 내 안에 계시어
그들로 온전함을 이루어 하나가 되게 하려 함은 아버
지께서 나를 보내신 것과 또 나를 사랑하심같이 그들
도 사랑하신 것을 세상으로 알게 하려 함이로소이다
(요 17:23)

불신으로 가득한 세상에서 설득력 있는 자들이 되기 위해서는 우리 교회들이 서로 단합하고 기독교적 사랑으로 가득 차 있어야 합니다. 학교에서 혹은 직장에서 기독인들의 신앙변호에 저해가 되는 한 가지 요소는 동료들과 상사들 앞에서 비난을 받지 않아야 하는 일에 있어서 우리 자신이 실패한다는 점입니다. 회사 크리스마스 파티에서 술에 취한 직원이라면 그 다음 월요일 아침에 '크리스마스의 참 의미'를 생각하는 자리에서 결코 복음을 담대하게 전하지 못할 것입니다. 며칠 전 숙제에 부정행위가 발각되었던 기독 학생이라면 수업 시간에 기독교를 변호하는 일이 곤혹스러울 것입니다. 우리가 사는 동네에서도 우리 가정의 단합심이나 집의 외양이 풍기는 모습이나 이웃을 향한 친절하고도 도움을 주는 태도는 신앙을 효과적으로 변호하는 일에 영향을 미치게 됩니다. 이러한 모든 삶의 요소들이 성경적 기준에 미치지 못한다면 우리의 신앙변호 역시 기대에 미치지 못하게 될 것입니다. 그리스도의 이름에 불명예를 안겨다 주게 될 것이고 우리 때문에 그리스도는 조소와 경멸의 대상이 되고 말 것입니다.

더욱이 기독인의 개인적인 삶의 영역들은 기독교를 변증하는 일을 강화시킬 수도 혹은 약화시킬 수도 있습니다. 성경 읽기와 묵상과 기도라는 기본적인 실천은 성경적 변호에 필수적입니다. 시편 1편에 의하면 복되고 의로운 사람은 이런 사람입니다.

> 여호와의 율법을 즐거워하여 그 율법을 주야로 묵상하는 자로다(시 1:2)

하나님의 말씀을 읽고 적용하는 일을 우리는 날마다의 삶에서 실천해야 합니다. 그렇지 않으면 의로운 길에서 멀어지게 될 것이고 우리의 변증의 말은 위선으로 전락하고 말 것입니다. 더욱이 앞으로 보게 될 것이지만 신앙을 변증하는 성경적 방법론에 있어서 중심이 되는 것은 비기독인의 반대를 성경적 대답으로 맞설 수 있는 능력에 있습니다. 정기적인 성경읽기와 묵상을 통해 성경에 능한 사람만이 비기독인의 반대를 성경적 답변으로 대처하기 위해 필수적인 지식의 보화를 갖추게 됩니다. 성경에 대한 지식이 없는 성경적 변증은 실제적으로 불가능합니다.

또한 일관성 있는 기도 생활 역시 효과적인 변증학에 있어서 열쇠가 됩니다. 기독교는 엄격한 논증으로 변호될 수 있는 몇 가지 종교적인 개념에 대해 인격적 관계없이도 동의하는 그런 종교가 아닙니다. 기독교는 그리스도를 통한 신자와 하나님과의 역동적이고 인격적인 관계입니다. 우리가 기도 가운데 하나님을 "하늘에 계신 우리 아버지여…"라고 부르는 것입니다. 기도의 삶은 하나님께 가까이 인도되는 삶이며 하나님의 성령의 살아 있는 능력을 의식하는 삶입니다. 바울은 이렇게 말하였습니다.

> 쉬지 말고 기도하라(살전 5:17)

우리의 삶이 기도로 채워질 때만이 우리의 삶에서 성경적 변증학의 발전을 보게 될 것입니다. 이것은 특별히 신앙을 변증하는 실제적 실천에 있어서 그러합니다. 기독인들은 보통 변증학 연구를 통해 스스로 자신감을 얻습니다. 이런 자신감은 종종 주어진 상황에서 하나님의 도움의 필요성을 인식하지 못한 채 자신감만으로 비기독인에게 접근하려는 양상으로 나타나곤 합니다. 이런 기독인들은 신앙변호에 자신감을 가지고 열정적으로 임한다고 해도 그 수고에 큰 열매를 맺지 못합니다. 불신자를 당혹스럽게 만들 수 있을지는 몰라도 그들의 힘으로 불신자를 개종시키지는 못할 것입니다. 우리의 반대자들을 대함에 있어서 우리는 꾸준히 기도해야 하고 그들과의 대화 이후에는 모든 것을 오직 그리스도께 맡길 수 있어야 합니다.

일관성 있는 기독인의 삶의 필요성은 아무리 강조해도 지나치지 않습니다. 그것이 없이는 변증학에 있어서 우리의 노력이 헛될 것이기 때문입니다. 비기독인에게 천국을 소망하라고 말하면서도 우리가 지옥에 갈 사람처럼 산다면 우리의 변증학적 노력에는 결코 소망이 없을 것입니다. 아무리 위대한 신앙의 변증가라할지라도 성실한 기독인의 삶을 살지 않는다면 결국 넘어지고 말 것입니다.

B. 주의 깊은 접근

베드로전서 3장 15-16절에서 베드로는 성경적 변증학의 접근 태도에 관해서 말하면서 "온유와 두려움으로" 하라고 권하고 있습니다. 비기독인과의 대화에 있어서 우리가 조심하여야 할 것을 상기시켜 주고 있습니다. 우리의 접근법의 방식은 신앙을 변호하는 일에 있어서 엄청난 차이를 가져다

줍니다. 사실 어떤 경우에는 우리의 접근 태도가 우리의 말보다 더 큰 효과가 있기도 합니다. 그래서 기독교 변증가의 논증보다도 그 태도에 압도되는 비기독인들의 경우도 적지 않습니다. 우리의 태도에 관한 방향을 설정해 주는 성경 구절들이 많이 있습니다. 이제 그 몇 구절들을 살펴보면서 그 가르침들을 요약해 보도록 합시다.

> 외인에게 대해서는 지혜로 행하여 세월을 아끼라 너희 말을 항상 은혜 가운데서 소금으로 맛을 냄과 같이 하라 그리하면 각 사람에게 마땅히 대답할 것을 알리라(골 4:5-6)

> 너는 그들로 하여금 통치자들과 권세 잡은 자들에게 복종하며 순종하며 모든 선한 일 행하기를 준비하게 하며 아무도 비방하지 말며 다투지 말며 관용하며 범사에 온유함을 모든 사람에게 나타낼 것을 기억하게 하라(딛 3:1-2)

> 어리석고 무식한 변론을 버리라 이에서 다툼이 나는 줄 앎이라 주의 종은 마땅히 다투지 아니하고 모든 사람에 대하여 온유하며 가르치기를 잘하며 참으며 거역

하는 자를 온유함으로 훈계할지니 혹 하나님이 그들에
게 회개함을 주사 진리를 알게 하실까 하며 그들로 깨
어 마귀의 올무에서 벗어나 하나님께 사로잡힌 바 되
어 그 뜻을 따르게 하실까 함이라(딤후 2:23-26)

물론 위의 구절들은 변증가가 취하여야 할 온당한 접근
태도에 대한 일부 성경 구절들에 불과하며 여기에 함축된
모든 의미들을 다 다루는 것은 불가능합니다. 그럼에도 이
시점에서 몇 가지 지침들을 생각해 볼 수 있을 것입니다. 이
모든 지침들은 기독 변증가가 비기독인을 대할 때 생겨날
수 있는 극단적 경우를 피할 수 있도록 고안된 것입니다.

1. 부드러운 견고성

기독인은 비기독인을 대할 때 너무 강경하거나 혹은 너
무 부드러울 수밖에 없는 위치에 있는 것 같습니다. 베드로
는 우리에게 "온유함"으로 신앙을 변호할 것을 말하였고(벧
전 3:15), 바울은 디모데에게 "거역하는 자를 온유함으로 징
계"할 것을 권고하였습니다(딤후 2:25). 이런 성경적 권고
를 따라가려 하는 변증가는 이 구절들에서 말하고 있는 온
유함을 종종 충실하게 하나님을 의존하는 것에서 한 발 양

보하여 행동하는 것으로 여길 수가 있습니다. 이런 경우 기독인은 '기독교가 사실인지 확실히는 모르지만…' 혹은 '내가 틀릴 수 있는 가능성도 있겠지만…'이라는 말들을 사용하고 싶을 수도 있을 것입니다. 그러나 신자들은 반드시 소유해야 하는 견고성을 기억해야 할 필요가 있습니다. 온유함은 타협함이 없는 그리스도의 말씀에 대한 신뢰성을 견고히 붙들어야 합니다. 반면에 어떤 기독인들은 신앙의 견고함의 필요성을 과신한 나머지 비기독인에게 쌍심지를 켜고 달려들기도 합니다. 마치 자신들이 무적의 십자군인양 달려가서 비기독인들을 추적하여 무자비하게 그들을 하나님의 나라에 밀어붙이곤 합니다. 이런 사람들은 비기독인을 대함에 있어서 성경이 말하고 있는 온유함을 상기할 필요가 있습니다. 반면 우리가 견고성이 없이 비기독인에게 복음의 요구를 제공한다면 이 또한 비기독인에게는 해가 되고 말 것입니다. 절벽에서 떨어지려고 하는 친구에게 소리치듯이 우리는 비기독인을 확고하게 대해야 합니다. 그러나 동시에 우리는 온유해야 하는데 이유는 우리의 열심 때문에 그들을 죽음에서 구하기는커녕 오히려 절벽으로 밀어 떨어뜨려버리는 결과를 가져올 수도 있기 때문입니다. 성경적 변증학이 요구하는 부드러운 견고성은 사랑 많은 친구가 눈먼 친구를 이 세상에서 유일한 안전지대 즉 그리스도의 안전지대로 이끌어 가는 주의 깊은 안내와도 같다고 하겠습니다.

2. 예의 있는 도전

베드로는 또한 "두려움"(벧전 3:15) 즉 불신자에 대한 존중심을 가지고 우리 신앙을 변호할 것을 말하고 있습니다. 그런데 많은 변증가들이 이 개념을 오해하곤 합니다. 비기독인을 존중해 준다는 것을 마치 기독인들이 그들에게 도전하지 못한다는 의미로 이해하기도 합니다. "저 사람은 나보다 훨씬 똑똑해. 그래서 저이와는 논증을 시작할 수도 없어."라고 생각하는 것입니다. 인간적인 기준에서 볼 때 특정 신자의 지적 수준과 명성이 특정 비기독인보다 떨어질 수도 있습니다.

> 형제들아 너희를 부르심을 보라 육체를 따라 지혜로운 자가 많지 아니하며 능한 자가 많지 아니하며 문벌 좋은 자가 많지 아니하도다(고전 1:26)

그러나 우리는 가장 위대하다는 사람들마저도 도전 할 수 있습니다. 우리는 "각 사람에게 대답하여야" 하며(골 4:5, 6), "거역하는 자를 온유함으로 훈계해야" 합니다(딤후

2:25). 즉 우리는 불신자를 도전할 만반의 준비가 되어 있어야 합니다. 사실 변증가의 가장 중요한 임무 가운데 하나는 불신자에게 그가 확신이나 자신감을 가질 만한 아무런 명분도 없음을 보여주는 것입니다. 불신자로 하여금 그저 단순한 인간임을 깨닫게 해야 하는 것입니다.

그런데 어떤 기독인들 가운데는 도전을 하기는 하지만 존중심을 갖지 못하는 이들이 있습니다. 그들은 "아무리 자신을 위대한 사람으로 생각할지라도 이 비기독인은 아무것도 아니야. 이 사람은 어리석을 뿐이야. 내가 바로 진리를 가지고 있는 사람이야."라고 스스로에게 말합니다. 이러한 태도는 비기독교 교수들을 소망 없는 멍청이로 간주하고 우월감과 거만함의 태도로 이 교수들을 도전하는 학생들 가운데서 발견되기도 합니다. 이러한 신자들은 두려움과 온유함에 관한 성경의 교훈을 다시 한 번 상기할 필요가 있습니다. "아무도 비방하지 말며 다투지 말며 관용하며 범사에 온유함을 모든 사람에게 나타낼 것을 기억하게 하라"(딛 3:2)고 하였습니다. 비기독인들에게 그들의 독립성의 길을 버리고 구원자 그리스도를 신뢰하라고 도전해야만 하지만 우리는 그것을 예의 있게 행해야 합니다. 예의 있는 도전은 주의 깊은 접근법에 있어서 중요한 측면입니다.

3. 준비된 대답

비기독인을 대할 때 자주 발생하는 또 하나의 문제는 그들의 질문들을 무시하고 우리 자신의 목표를 향해서 대화를 밀어붙이거나 아니면 그들이 추구하는 사고의 노선을 따라가려는 경향입니다. 기독인은 "모든 사람들에게 대답(변호)"할 수 있어야 하는 것과(벧전 3:15) 대화의 방향이 어떠하든지 그것에 대응해야 하는 측면이 있습니다. 또한 비기독인들의 질문들에 성실히 답하고자 하는 것은 좋은 자세입니다. 그러나 예외 없이 모든 질문을 우리가 답해야 한다고 생각해야 할 성경적 근거는 없습니다. 베드로가 말한 모든 사람에게 대답해야 한다는 것은 모든 질문에 답해야 한다는 것과는 다릅니다. 사실 바울은 디모데에게 "어리석고 무식한 변론을 버리라 이에서 다툼이 나는 줄 앎이라"고 했습니다(딤후 2:23). 불신자들의 질문에 기꺼이 대답할 수 있도록 준비하고 있어야 하지만 동시에 우리는 의미 없는 논쟁 밖에 되지 않을 종류의 질문들을 조심스럽게 회피할 수 있어야 합니다. 불신 세상과의 대화에 있어서 우리는 "하나님이 그들에게 회개함을 주사 진리를 알게 하실까"(딤후 2:25) 하는 방향으로 대화를 이끌어가야 합니다. 잃어버린 자들을 그리스도께로 인도해 가는 확정된 목표를 가져야만 합니다.

우리의 언변이나 논쟁력을 보여 주는 일에 관심을 두어서는 안 됩니다. 우리는 질문들에 답을 하되 그 대화를 가장 우선적인 현안으로 이끌어 갈 수 있게끔 사고의 흐름을 가져가야 합니다. 그 현안이란 곧 그리스도에 대한 믿음과 주님이신 그리스도께 복종하는 일입니다.

4. 진지한 준비

성경적 변증학의 실천을 논하는 것은 어려운 일입니다. 이유는 이것이 성경의 원리들을 변화무쌍한 세상환경과 결부시키는 일을 포함하고 있기 때문입니다. 이 어려움은 신앙의 변호자들로 하여금 일종의 극단으로 치닫게 하기도 하였습니다. 그래서 어떤 이들은 주장하기를 우리가 접촉하는 비기독인들의 개별성에 관심을 두어야 하기 때문에 변증학적 접근법을 조직화하는 일을 아예 지양해야 한다고 합니다. "항상 통할 수 있는 '체계'나 '방법'이란 있을 수 없기 때문에 어떤 방법론을 준비할 필요가 없다."라고 말하는 것입니다. 이렇게 말하는 신자들의 의도가 선하다 할지라도 이것은 신앙의 변호를 준비하기 위한 성경적 지침을 망각한 행위이고 또한 사전에 고안된 구조 없이 무엇을 말할 수 있는 놀랍도록 창조적이고 특별한 사람은 극소수라는 사실을 잊어버린 까닭입니다. 반대로 성경적 방법론의 필요성을 인식하고 상세한 연구를 통해 모든 상황에서 사용될 수 있는 자세한 접근법을 제시하는 기독인들도 있습니다. 골로새서 4장 5-6절에서 바울은 바로 이 사안에 대해 말하고 있습니다. 우리는 불신자를 향해 "지혜"로 행해야 한다는 것입니다. 그러나 지혜로 행하기 위해서 우리의 말이 "소금으로 맛을 냄" 같아야 합니다. 그렇게 될 때 우리는 "각 사람에게 마땅히 대답할 것을 알게" 될 것입니다. 변증학에 있어서 지혜란 상황들을 다루기 위한 성숙한 성경적 준비와 관심과 기독교적 사랑을 가지고 각 상황과 사람을 대할 수 있는 유연성을 포함합니다. 병상에서 죽음을 앞둔 노인의 요구와 대학생의 요구는 사뭇 다른 것입니다. 그들의 질문들도 상이할 것입니다. 그렇다면 우리는 이들에 대해 개별적으로 답해 줄 수 있는 준비를 해야만 합니다. 진지한 준비가 된 변증가는 하나님을 기쁘시게 하고 이웃에게 도움을 줄 수 있는 방식으로 여러 사람들과 환경을 다룰 수 있게 될 것입니다. 비기독인들을 만날 때의 우리의 태도와 행동과 관련해서 다른 여러 사안들이 있지만 지금까지 우리는 보다 핵심적인 몇몇 사안들을 생각해 보았습니다. 성경에 입각하여 끊임없이 돌아보는 길만이 주의 깊은 접근을 보장해 주며 그러한 접근법은 성공적이고 효과적인 성경적 변증을 위한 토대를 제공해 줄 것입니다.

C. 올바른 진행법

일관성 있는 삶과 주의 깊은 접근과 아울러 성경적 변증학은 또한 올바른 절차를 따라가야 합니다. 비기독인의 질문에 대한 일련의 답변들은 기독교를 변호하는 일에 있어서 대단히 중요합니다. 올바른 방법론을 개발하기 위해 이전 과들에서 다루었던 기본적인 성경적 원리들을 유념하고 있어야 합니다. 그 중 몇 가지를 다시 한 번 언급해 보는 것 또한 도움이 될 것입니다.

1. 성경적 변증학은 성경의 가르침에 기초한 방법론을 구성한다.

성경은 변증학에 대해 여러 가지를 말하고 있습니다. 성경은 신앙 변호의 목적과 기초를 이루는 신학적 배경을 제공합니다. 성경적 신학은 변증학의 방법론을 결정짓게 될 일반적인 지침들을 제공합니다. 또한 성경에는 불신자들을 대할 때 신자들이 사용할 수 있는 일종의 절차들에 관한 여러 언급들이 있습니다. 이러한 요긴한 통찰력들과 아울러 성경에서 우리는 과거 하나님의 사람들이 어떻게 신앙을 변호했는지에 관한 일례들을 발견하는데 이것들은 우리가 올바른 절차를 개발하는 일에 있어서 고려해야 할 부분들입니다. 성경적 변증학에 있어서 근본적인 내용은 그것이 성경적이어야 한다는 점입니다.

2. 성경적 변증학은 신자로 하여금 자신의 신앙이 참이며 전적으로 변호될 수 있는 것이라는 확고부동한 확신 가운데 기독교를 제시할 것을 요구한다.

신앙을 변호함에 있어서 우리는 기독교의 진실성에 기초하고 그 바탕 위에서 불신에 대해 답을 합니다. 예수가 주시라는(참고. 벧전 3:15) 사실과 말씀은 의심할 여지가 없는 진리라는 굳은 확신으로부터 시작합니다. 기독인은 자신의 유한성과 아울러 기독교를 반증할 새로운 '사실'이 출현할 수 있다는 이유 때문에 그리스도가 주가 아닐 수도 있다는 가능성을 결코 인정해서는 안 됩니다. 기독인이 그의 신앙이 참이라고 확신하는 이유는 모든 것을 아시는 하나님이 그렇게 계시하였기 때문입니다. 기독교 변증가는 종종 기독교를 단순히 '가능한 가설' 정도로 주장하면서 이 원리를 버리고자 하는 시험에 빠지기도 합니다. 혹은 '기독교는 아마도 진리일 것이다.' 정도만 주장하고픈 유혹에 빠질 수도 있습니다. 그러나 그런 생각을 하는 것은 기독교라는 종교가 거짓일 가능성이 있다는 것을 인정하는 것이 되고 맙니다. 이러한 방법은 성경적 변증가에게는 결코 용납될 수 없습니다. 신앙을 변호하는 일에 있어서 우리는 하나님에 대한 의존성이라는 확신 가운데 요동하지 말아야 합니다.

3. 성경적 변증학은 창조주와 피조물 사이의 구분을 견지해야 한다.

신앙 변호에 있어서 기독인들이 항상 명심해야 할 것은 인간의 이성을 절대로 궁극적이고 최종적인 권위로 삼지 말아야 한다는 점입니다. 변증학의 목적은 인간으로 하여금 하나님께 의존하여 그에게 복종케 하는 것입니다. 그리고 그것은 비기독인으로 하여금 계속하여 기독교의 신빙성을 스스로 판단하는 자리에 서게끔 허락하는 방식으로 이루어져서는 안 됩니다. 너무 자주 변증학은 단순히 비기독인들이 가정하고 있는 독립적 이성이 지니는 몇 가지 결함들을 수리하도록 도전하는 일에 그치고 맙니다. 그러나 성경 그 어느 곳에도 그리스도의 주장에 대해 인간이 심판자의 자리에 있다고 말하는 곳은 없습니다. 성경에서 인간은 반역이라는 어리석은 길을 버리고 하나님에 대한 전적 의존성을 인정할 것을 권고 받고 있습니다.

4. 성경적 변증학은 죄와 중생이 올바른 도덕적 결정과 참된 인식 능력에 미치는 영향을 고려한다.

비기독인은 진리의 원천으로서의 하나님을 거부합니다. 반면 기독인은 그의 전인(entire being)을 하나님께 복종시키고자 하면서 하나님과 그 말씀에 대한 자신의 의존성을 인정합니다. 이런 이유 때문에 기독교 신앙을 정립하기 위해서 기독인이 기초할 수 있는 '중립적 사실(neutral fact)'이란 없습니다. 신앙에는 소위 징검다리가 없습니다. 기독인은 모든 사실들을 성경의 빛에 비추어 이해하려 하지만 비기독인은 하나님을 조금도 인정하지 않으려 합니다. 신앙 변호를 위한 올바른 절차는 모든 '사실들(facts)'에 관한 이와 같은 성격을 깨닫고 그에 따라 행동해야 합니다.

5. 성경적 변증학은 비기독인이 하나님의 형상을 지니고 있으며 스스로 그 피조성을 의식하고 있다는 사실의 바탕 위에서 효과적으로 대화하며 그에게 확증하고자 해야 한다.

변증학의 역사는 비기독인에게 기독교를 확신하게 것은 합리성 혹은 논리라는 통념으로 인해 홍역을 치르고 있습니다. 사실 이 점이 여러 모양으로 대부분의 변증학적 전개에 있어서 어려움이 되어 왔습니다. 성경적인 방법론을 따라감에 있어서 우리가 기억해야 할 것은 효과적인 대화는 타락한 인간이 여전히 하나님의 형상이며 따라서 이들이 하나님을 거절할지라도 하나님을 알고 있다는 사실에 기인한다는 점입니다. 비기독인을 대할 때 우리가 확신을 가질 수 있는 이유는 그들이 합리적이거나 논리적이라서가 아닙니다. 그들이 무엇인지와[7] 그들이 이미 알고 있는 것에 기초해서 대화의 장을 열어야 합니다.

위의 다섯 가지 원리는 앞으로 다루게 될 한층 발전된 올바른 전개방식에 대한 훌륭한 배경을 형성해줍니다. 이것들을 명심한다면 성경적인 방법론을 구축하는 일이 그렇게 어렵지는 않게 될 것입니다.

이 과에서는 기독교 신앙을 변호하는 실제적 국면을 소개했습니다. 이러한 관점들이 비록 매우 기초적인 것들이긴 하지만 우리의 삶과 접근법 그리고 절차 등은 성경적 변증학에 있어서 필수적인 요소들입니다.

---

7) 역자주 - '그들이 무엇인지'(what they are)와 '그들이 누구인지'(who they are)는 서로 다른 개념으로서 구분을 요합니다.

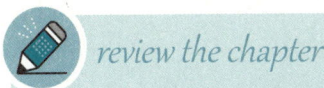
review the chapter

1. 우리의 기독교적 삶의 여러 가지 측면들은 어떻게 우리의 변증에 영향을 미칩니까?

2. 비기독인들에게 접근할 때에 기억해야 할 세 가지 원리들을 말해보시오. 관련 성경구절을 가지고 답해 보시오.

3. 신앙을 변호하는 우리의 과정을 안내하는 역할을 해야 하는 다섯 가지 성경적 원리들은 무엇입니까? 관련 성경구절을 가지고 답해 보시오.

모든생각을사로잡아 | chapter 09

인기 전략들

하나님의 지혜에 있어서는
이 세상이 자기 지혜로 하나님을 알지 못하므로
하나님께서 전도의 미련한 것으로
믿는 자들을 구원하시기를 기뻐하셨도다

고린도전서 1:21

chapter 09
인기 전략들

> 외인에게 대해서는 지혜로 행하여 세월을 아끼라 너희 말을 항상 은혜 가운데서 소금으로 맛을 냄과 같이 하라 그리하면 각 사람에게 마땅히 대답할 것을 알리라(골 4:5-6)

교회사를 통틀어 변증학을 다루는 많은 책들이 저술되었고 그 결과 신앙을 변호하기 위한 다양한 방편들이 전개되었습니다. 바울은 골로새 교인들에게 "외인들에 대해서는 지혜를" 사용하라고 강력히 충고하였는데 그의 가르침을 따르고자 한다면 우리는 신앙을 변호하기 위한 접근법에 대해서 성경의 기준을 따라 면밀히 검토해 보아야만 합니다. 이번 과에서 우리는 대부분의 개신교 변증학의 접근법의 일반적인 특징과 특히 복음주의 계통과 캠퍼스 모임 사이에서 인기 있는 접근법에 대해 살펴보기로 하겠습니다. 본 과는 포괄적인 내용들을 담고 있지는 않지만 핵심 주제들을 다룰 것입니다. 이러한 대중적인 인기 전략들에 대한 평가에 있어서 우리는 주로 부정적인 입장을 취하지만 그 방면에서 열심히 일한 사람들에 의해 훌륭하고 유용한 많은 일들이 이루어진 것은 사실입니다. 그들의 동기는 순수하며 그들 사역의 상당부분은 가치 있는 것들입니다. 그러함에도 방법적인 면에 있어서의 그들의 크나큰 실패를 직시(直視)하는 것은 중요합니다. 작지만 잘 쓰여진 폴 리틀(Paul E. Little)의 'Know Why You Believe'라는 책은 대중적인 많은 변증적 전략들의 주요 요지들을 제시하고 있습니다.

A. 인간 이성의 역할

그러한 인기 있는 변증학의 중심 교리는 인간 이성에 대한 비성경적인 관점을 가지고 있습니다. 리틀(P. E. Little)의 기독교 변호에서 가장 중요한 것으로 보이는 한 가지 이슈(issue)는 인간의 이성적인 능력에 주요 가치를 둔다는 것입니다. 그 결과 리틀은 그의 책의 제1장에 '기독교는 이성적인가?'라는 제목을 붙이고 오늘날의 기독교인들 가운데에 이 주제에 대한 잘못된 두 가지 견해가 있다고 말합니다. 그 중 하나가 '반지성적(anti-intellectual)'이라고 불리는 것인데 이유는 복음이 '비이성적(irrational)이지는 않다고 해도 적어도 비합리적(nonrational)'인 것으로 여겨지기 때문입니다.[8] 한편 기독교인이 된다는 것은 '오로지 이성적인 과정'이라는 견해가 그 다른 하나인데[9] 이는 기독교의 회심은 단지 특정한 종교적 관념에 대한 정신적 동의일 뿐이라는 것입니다. 이러한 두 가지 견해 '모두 잘못된 관점'이라는 것입니다.[10]

서로 상반되는 이들 두 가지 견해에 대한 대답으로 리틀은 제3의 견해를 제시합니다. 회심에는 이성적인 요소가 있는데 그것은 '진리의 이성적인 측면에 관한 이해'로 이루어집니다.[11] 하지만 도덕적인 선택에 있어서는 사람이 성령을 의지해야만 하는데 이것은 진정한 회심의 추가적인 요소라는 것입니다. 리틀에게 있어서 인간의 문제란 그 이성적인 능력에 있지 않습니다. 문제는 인간이 기독교를 선택하느냐입니다.

> 그들은 그것을 믿으려 하지 않는다… 이것은 본질적

---

8) Paul Little, Know Why You Believe, (Downers Grove, Ill.: InterVarsity Press, 1968), P. 2.

9) Ibid., p. 3.

10) Ibid., p. 1.

11) Ibid., p. 3.

으로 의지의 문제이다.[12]

따라서 리틀은 다음과 같이 말합니다.

> 기독교 신앙이란 증거를 바탕으로 한다. 그것은 이성적인 신앙이다. 기독교적인 의미에서의 신앙이란 이성을 거스르는 것이 아닌 이성을 넘어서는 것이다.[13]

결론적으로 그는 "기독교는 이성적이다."라고 주장합니다.[14]

이성(reason)에 대한 리틀의 견해는 몇 가지 중대한 문제점을 가지고 있습니다. 우선 인간의 이성을 '전적으로 하나님 의존적인 것'으로 보지 않는다는 점입니다. 리틀은 인간의 독립적인 이성에 의해 이해되고 판단될 수 있는 그런 기독교를 제시해야 한다고 기독교 변증가들을 독려합니다. 신앙은 하나님의 자증성(self-testimony)에 근거한 것이 아니라 독립적인 이성에 의해 인식되는 증거에 근거한다는 것입니다. 둘째로, 이성이 죄로 인한 인간의 타락의 영향을 받지

---

12) Ibid., p. 4.
13) Ibid., p. 5.
14) Ibid., p. 6.

않은 것으로 비춰지고 있다는 점입니다. 리틀에게 있어서 인간의 문제는 진리에 대한 무지와 무능에 있는 것이 아니라 그것을 충분히 알고 이해할 능력은 있지만 진리를 선택하지 않는 데에 있습니다. 결과적으로 리틀은 합리성과 논리적 분석을 기독인과 비기독인 모두에게 있어서 중립적인 어떠한 것으로 여깁니다. 합리적인 증거와 논거라는 중립적인 도구들에 의해 불신자들이 기독교에 대한 신뢰성을 확신하게 된다는 것입니다. 리틀에게 있어서 변증가들은 단지 불신자들이 그들 스스로 더욱 명료하고 합리적으로 생각하게끔 도와주기만 하면 됩니다. 그러면 그들은 기독교 진리에 대한 확신을 갖게 될 것입니다.

두말할 필요 없이 인간 이성에 대한 이러한 관점은 앞선 장들에서 설명했듯이 성경의 관점을 부인하는 것입니다. 인간의 타락은 전인(全人)적인 타락을 말하는 것으로 인성의 모든 면이 죄에 의해 부패하였음을 의미합니다. 따라서 이성은 진리에 대한 판단기준이 될 수 없습니다. 오직 하나님만이 그와 같은 판단자의 역할을 할 수 있을 뿐입니다. 뿐만 아니라 죄는 인류에 심각한 영향을 미쳤기 때문에 이성능력마저도 중립적이지 못합니다. 기독인들은 하나님께 의존하여 그들의 이성을 사용하고자 합니다. 비기독인들은 그들의 사고에 있어서 독립적이길 추구합니다. 그러므로 불신앙이라는 문제를 다룰 때에 중립지대란 없습니다. 그리스도에 대한 신앙에 있어서 인간의 이성은 도움이 될 수 있는 만큼이나 방해물 또한 될 수 있습니다. 어거스틴(Augustine)이 말한 것처럼 '믿으면 비로소 이해하게 될 것'입니다. 우리의 신앙의 근거를 독립적인 이성에 두는 것은 하나님에 대한 반역입니다. 이성은 반드시 그리스도를 신봉하는 신앙에 근거해야 하고 우리의 신앙은 오직 하나님께만 근거를 두어야 합니다.

B. 변증의 방법

리틀이 제시하는 전형적인 변증적 전략 같은 것이 있는데 그것의 특징은 신앙의 세 가지 측면들을 따로 다루고 한 가지 주제에서 자연스럽게 나머지 주제로 넘어가게 해서 비기독인들로 하여금 기독교 신앙을 확신하게 하는 것입니다. 그 세 가지 주제는 하나님의 존재와 그리스도의 신성 그리고 성경의 권위입니다.

1. 하나님의 존재

리틀(Little)의 접근법에서 가장 우선시 되는 것이 하나님의 존재에 대한 증명입니다. 그는 하나님의 존재에 대한 여러 가지 증거들을 제시합니다. 첫째로는 "어느 시대 어느 지역에서나 인류의 대다수는 신 또는 신들과 같은 것을 믿어 왔다."는 사실입니다.[15] 둘째, 인과관계의 법칙은 제1원인 즉 무원인적 원인자(uncaused cause)가 있음을 보여주고 있다는 것입니다.[16] 세 번째 주장은 이 세상의 방대함은 그것의 신적 설계자가 있음을 말해 주고 있다는 것입니다.[17] 이러한 증거들은 단순히 "하나님이 계심에 대한 징후들"[18]에 지나지 않으며 엄밀한 의미에서의 증거들이 될 수 없음에도 불구하고 리틀은 하나님의 존재에 대한 자신의 신앙의 논거들을 이러한 주장들에 두고 있습니다.

이러한 접근방식은 많은 문제점들을 안고 있습니다. 첫째로, 리틀은 인간 이성의 하나님 의존성을 언급하지 않습니다. 하나님의 실존이라는 사실에 직면하여 불신자들 자신이 마치 하나님인 것처럼 그리고 하나님의 실존에 대한 질문들을 독립적으로 판단할 수 있는 존재인 것처럼 느끼게 합니다. 리틀에 따르면 비기독인이라고 해서 하나님의 존재

---

15) Ibid., p. 8.
16) Ibid., p. 9.
17) Ibid., p. 10.
18) Ibid., p. 12.

에 대한 접근방식을 근본적으로 바꿀 필요는 없습니다. 단지 비기독인의 사고방식에 있어서 하나님을 이해하는 데에 방해가 되는 몇몇 난점들을 걷어내기만 하면 된다는 것입니다. 둘째로, 리틀은 불신자의 사고 과정에 있어서의 죄의 영향을 고려하지 않습니다. 불신자는 거듭나야만 합니다. 리틀이 제시하는 하나님의 존재에 대한 증거들이 불신자에게 납득이 갈 만한 것이기는 하지만 사실상 불신 철학자들은 오래전부터 그러한 증거들을 불신하며 반박해왔습니다. 비기독인의 관점에서 볼 때 하나님의 존재에 대한 그 증거들이라는 것들은 그다지 큰 설득력을 갖지 못합니다. 셋째로, 리틀은 깊은 고찰을 하는 불신자들이라면 피조세계를 통해 하나님을 볼 수 있다고 여기고 있습니다. 그러나 성경은 모든 사람은, 깊은 성찰을 하지 않는 사람일지라도, 피조세계를 통하여 성경에서 말하는 하나님을 알고 있다고 가르칩니다. 리틀이 하는 것처럼 특정되지 않은 막연한 어떠한 신 존재(the existence of a god)에 대해 불신자에게 확신시키려고 하는 것은 모든 사람이 이미 소유하고 있는 성경의 하나님에 대한 참 지식으로부터 멀어지게 하는 것일 뿐입니다. 그러므로 리틀과 같은 식으로 하나님의 존재를 주장하는 것은 성경의 원리와는 명백히 상반되는 것입니다.

2. 그리스도의 신성

일단 하나님의 존재성이 확립되면 리틀의 다음 목표는 예수는 육체를 입고 나타나신 하나님이라는 이 독특한 기독교 개념을 입증하는 것입니다. 이것을 입증함에 있어서 그는 그리스도 자신의 신성에 대한 주장과 부활의 기적을 언급합니다. 리틀에 따르면 예수 자신의 주장에 대해 네 가지 반응이 있을 수 있다고 합니다. 예수가 거짓말쟁이이거나 미치광이이거나 전설이거나 아니면 육신으로 거하시는 참하나님이라는 것입니다. 예수가 거짓말쟁이라는 주장에 대해서 리틀은 다음과 같이 답합니다.

> 예수의 신성을 부인하는 이들조차도 예수가 위대한 도덕 선생이었음은 인정한다. 그러나 그들은(위대한 도덕 선생이라는 것과 거짓말쟁이라는) 그 두 가지 주장이 서로 모순이라는 것을 깨닫지 못하고 있다.[19]

예수가 미치광이였다는 생각에 관하여는 다음과 같이 주장합니다.

---

19) Ibid., p. 17

> 그러나 우리가 그리스도의 생애를 들여다 볼 때에 온
> 전치 못한 사람에게서 발견할 수 있는 비정상적이거
> 나 불안정한 면을 찾아 볼 수 없다.[20]

신성에 대한 예수 자신의 주장은 단지 전설에 지나지 않는다는 의견에 대해 답하면서 그는 다음과 같이 반박합니다.

> 복음서 사본들의 기록연대가 초기인 점으로 미루어
> 볼 때 그 전설이론은 이치에 맞지 않는다.[21]

리틀은 그러므로 "예수의 주장이 사실이라는 것 외에는 다른 대안이 있을 수 없다."고 결론을 내립니다.[22]

리틀의 이러한 주장 역시 불신자에게는 설득력 있는 것이 못됩니다. 참된 지식에 대한 기반으로서의 회개와 믿음의 필요성을 주장하는 대신에 리틀은 마치 불신자가 진리에 다다르기 위해서는 예수의 주장에 대한 논리성만 제시하면 된다는 듯이 말하고 있습니다. 그러한 그의 통찰력들이 기

---

20) Ibid., p. 18.
21) Ibid.
22) Ibid.

독인에게는 유익한 것들이며 많은 점들에 있어서 신앙 변호에 유용한 것들이기는 합니다. 그러나 비기독인의 관점에서 볼 때에 그것들은 확실하게 반박될 수 있는 것들입니다. 리틀은 죄로 물든 관점으로 인하여 그리스도가 거짓말쟁이나 정신이상자 혹은 전설이라고 생각하게 된다는 가능성을 고려하지 않았습니다. 모든 불신자들이 다 예수가 훌륭한 도덕 선생이었다고 생각하는 것은 아닙니다. 예수가 살았던 비범한 삶이 그 질적인 면에 있어서 정신이상과는 다르다는 데에 모든 사람이 동의하는 것은 아닙니다. 모든 비기독인들이 그 내용의 실제성에 대한 설득력 있는 증거로서 복음서 기록의 최근 연대결정들을 받아들이는 것도 아닙니다. 특히 초자연적이고 기적적인 복음서의 내용들에 있어서는 더욱 그러합니다. 더욱이 그리스도가 참으로 신성을 가지신 하나님의 아들이라는 사실을 불신자들에게 결코 논리적으로 믿게 할 수는 없을 것입니다. 리틀의 의도 자체는 가치 있는 것이지만 그의 접근법은 신앙을 변호하는 것과 관련한 성경적 원리들과는 거리가 멉니다.

  신성에 관한 그리스도 자신의 언급 외에도 리틀은 그의 신성에 관한 증거로서의 그리스도의 부활을 다음과 같이 주장합니다.

> 신성에 대한 자신의 주장을 입증할 수 있는 최고의
> 신임장은 그의 죽음으로부터의 부활이었다.[23]

만일 그리스도가 다시 살아나시지 않았다면 기독인들로서의 우리의 믿음은 헛된 것이 될 것입니다. 그러나 리틀은 이러한 부활의 중요성을 만일 그리스도의 부활이 역사적인 것으로 입증될 수만 있다면 그리스도의 신성이 증명되는 것이라고 잘못 이해하고 있습니다. 그는 부활에 대한 그릇된 인식들을 다양한 방식으로 일소하고자 합니다. 자신의 주장에 대한 기본적인 지침으로서의 성경 기록에 호소하면서 그는 빈 무덤이야말로 기독교의 진리에 대한 반박할 수 없는 증거라고 주장합니다. 그리스도의 몸이 도둑맞았을 리 없고 여인들이 잘못된 무덤을 찾아갔을 리가 없다고 합니다. 그리스도가 실제로 죽은 것이 틀림없으며 그의 부활이 망상일 리는 없다는 것입니다. 리틀은 말합니다.

> 그 빈 무덤에 대해서 바르게 설명할 수 있는 유일한
> 이론은 예수 그리스도의 죽음으로부터의 부활뿐이
> 다.[24]

---

23) Ibid., p. 21
24) Ibid., p. 27

다시금 말하지만 리틀의 주장들은 기독인의 관점에서 볼 때에는 타당한 것들입니다. 그러나 비기독인들에게는 거의 혹은 아무런 효력을 갖지 못하는 것들입니다. 리틀은 부활에 관한 다른 여러 설명들을 성경의 정보를 바탕으로 해서 반박합니다. 그러나 그가 바탕으로 하고 있는 정보의 원천인 성경 자체에 이미 의문이 제기되고 있다는 것이 문제입니다. 한 가지 예를 들자면 예수가 살아 있는 채로 무덤에 넣어졌다는 이론에 대하여 리틀은 답하기를 만일 그랬다면 어떻게 약한 사람이 그 몸에 감기어 있는 세마포를 풀고 무덤 앞에 있는 큰 돌을 옮기고 나올 수 있었겠느냐는 것입니다. 하지만 불신자가 그리스도의 죽음에 관한 성경 기록의 정확성에 대해 의문을 제기한다면 성경의 다른 부분의 기록을 가지고 그 불신자에게 답하는 것은 적절하다고 볼 수 없습니다. 그러한 주장만 가지고는 비기독인의 이견에 적절히 답할 수 없을 것입니다. 더욱이 리틀이 그리스도 부활의 역사성을 증명한다고 해도 그것이 그리스도의 신성을 입증해 주지는 못합니다. 성경과 다른 종교적 전승들은 많은 사람들이 죽음으로부터 살아났다는 것을 말하고 있습니다. 게다가 빈 무덤이라는 것에 어떤 의미든지 원하는 대로 갖다 붙일 수가 있습니다. 부활에 대한 성경적 정보가 없다면 거기엔 얼마든지 어떤 의미든 부여할 수 있게 되는 것입니다. 사실상 믿지 않는 마음은 그 빈 무덤에 대하여 성경적인 바른 의미보다는 다른 어떤 의미들을 부여하려고 할 것입니다. 설령 그 부활을 '리플리의 믿거나 말거나'(Ripley's Believe It or Not)[25]에 등장하는 것들처럼 설명될 수 없는 사건들 중 하나로 여긴다고 할지라도 말입니다. 하나님의 계시에 의존하지 않고서는 그 부활은 아무런 의미도 갖지 못합니다. 이 점이 베드로가 오순절에 예루살렘 청중들에게 그 빈 무덤에 관하여 언급할 때에 "보십시오. 그 무덤이 텅 비었습니다. 그런데도 예수가 그리스도가 아니란 말입니까?"라고 말하지 않았던 이유입니다. 그는 그 빈 무덤에 대한 잘못된 해석들이 이미 항간에 회자되기 시작하였다는 것을 알고 있었습니다. 대신에 그는 유대인 형제들에게 그 사건에 대한 구약의 예언을 말해 줍니다.

> 다윗은 하늘에 올라가지 못하였으나 친히 말하여 이르되 주께서 내 주에게 말씀하시기를 내가 네 원수로 네 발등상이 되게 하기까지 너는 내 우편에 앉아 있으라 하셨도다 하였으니(행 2:34-35)

---

25) 역자주 – 진기하고 놀라운 일들을 소개하여 다루는 미국의 TV 프로그램(처음에는 신문 연재만화로 시작했음)

오늘날 역시 그리스도의 부활에 관하여 이야기할 때에 이와 같은 요소들을 기억해야만 합니다. 만일 성경적인 의미를 벗겨내어 버린다면 부활은 아무것도 입증해 주지 못할 것입니다. 그러나 만일 성경적 진리의 문맥에서 선언된다면 그것은 구원에 이르게 하는 믿음의 토대가 되는 것입니다. 마지막으로 앞에서 다루었던 리틀의 방법론에 관한 점이 여기에도 역시 적용됩니다. 독립적인 사고에 의해서는 불신자들은 결코 그리스도를 믿는 신앙에로 인도될 수 없습니다. 본질적으로 리틀의 접근법은 비기독인으로 하여금 부활에 관한 하나님의 진리를 역사와 논리라는 기준을 가지고 살펴보도록 만듭니다. 무슨 성경적 내용들을 제시하든지 전적으로 그것에 의존해야 할 필요성은 인정하지 않은 채 단지 그것들을 소개만 하고 있는 것입니다. 결론적으로 그리스도의 부활과 그의 신성을 변호함에 있어서 이러한 전략들은 적절한 것이 못됩니다.

3. 성경의 권위

리틀의 변증의 마지막 단계는 성경의 권위에 대한 변호입니다. 리틀은 이 주제에 대해 상당한 시간을 할애하고 있습니다. 그는 먼저 성경의 신적 권위에 관한 성경 자체의 증명들을 언급합니다. 하지만 그는 독자들에게 다음과 같이 일러둡니다.

> 성경의 언급과 주장들이 그 자체로 증거가 되지는 못하지만 그것들은 결코 무시될 수 없는 중대한 자료들이다.[26]

성경 본문을 가지고 이 점을 설명한 후에 리틀(Little)은 다음과 같이 결론을 내립니다.

> 그러므로 거기에는 성경이 하나님의 말씀이라고 신뢰할 만한 많은 합리적인 증거들이 있다.[27]

더욱이 그는 구약과 신약 본문들의 신빙성과 보존에 관하여 논하고 있는데 성경의 권위를 지지하고 그것에 반대할 만한 증거가 없음을 보여주기 위해 고고학과 과학이 동원됩니다. 하지만 이 점에 관한 리틀의 다음과 같은 단언은 옳은 주장이기는 합니다.

---

26) Ibid., p. 31.
27) Ibid., p. 38.

> 무엇을 읽고 듣는 것에 있어서 우리는 "이 사람의 전제(presupposition)가 무엇인가?"라고 물어야 한다. 그래야만 그러한 관점에서 그 사람의 결론에 관한 바른 해석을 내릴 수 있을 것이다.[28]

그런데도 그는 성경을 변호하는 데에 있어서 위와 같은 입장을 거의 적용하지 않습니다. 리틀은 성경과 과학의 관련성에 대한 기독인과 비기독인의 전제들이 근본적으로 다르다는 점을 어디에서도 제시하지 않고 있습니다. 그저 약간의 상이점만이 있을 뿐이라는 것입니다. 그에 따르면 적어도 이론적으로는 성경의 권위가 과학적 증거에 달려 있습니다. 그러나 과학적 증거를 통해 성경의 권위를 입증하는 리틀의 변증법으로는 소위 그 과학적 증거라는 것이 성경의 권위와는 상반되는 것을 보여줄 때에는 그 파괴력으로부터 성경의 권위를 지켜내지 못할 것입니다. 성경의 권위는 결코 인간의 입증에 의해 좌우되는 것이 아닙니다. 왜냐하면 그것은 의문의 여지가 없는 하나님의 말씀이기 때문입니다.

오늘날 많은 신앙의 변호자들에 의해 사용되고 있는 많은 인기전략들의 문제점은 아마도 권위(authority)의 문제로

---

28) Ibid., p. 79.

요약될 수 있을 것입니다. 비기독인은 전적으로 독립적이기를 포기하고 신앙을 통해 그리스도의 권위에로 나아올 필요가 있다는 것을 그 변증가들은 분명하게 알아야 합니다. 만일 그리스도를 향한 신뢰가 논리적 일관성과 역사적 증거 그리고 과학적 논증 등에 기반하고 있다면 그리스도는 결코 궁극적인 권위로서 받아들여지지는 못할 것입니다. 여러 다양한 근거들이 그리스도 그 분 자신보다 더욱 권위를 갖게 될 것입니다. 비유를 들자면 만일 그리스도의 주장들이 인간의 독립적인 판단이라는 입증장치(verification machine)를 통과한 후에야 비로소 기독교 진리에 대한 믿음을 갖게 되는 것이라면 궁극적인 권위는 여전히 인간의 판단에 있는

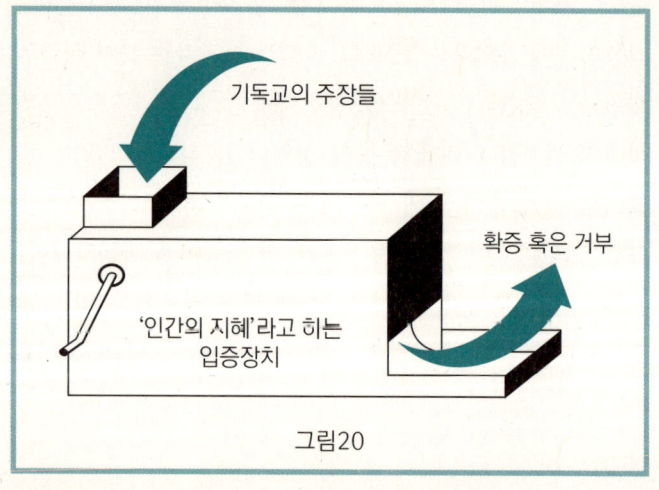

그림20

것입니다(그림 20을 보라).

따라서 그러한 인기전략들을 지지하는 변증가들의 수고로부터 우리가 많은 유익을 얻는 것은 분명하지만 우리는 성경적 변증에 관한 그들의 기본적인 접근방식은 버려야 할 것입니다.

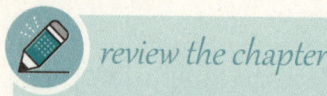
review the chapter

1. 오늘날 제시되고 있는 신앙의 변호를 위한 다양한 방법들을 주의 깊게 살펴보는 것이 왜 중요합니까?

2. 리틀의 변증학적 접근법에 있어서 인간 이성의 역할에 대해 설명하시오.

3. 리틀의 방법론에서의 세 가지 단계는 무엇입니까?

4. 기억해야 할 리틀의 관점에 대한 여러 비평들 중에는 어떤 것이 있습니까?

모든생각을사로잡아 | chapter 10

성경적 변호의
기본 구조

미련한 자의 어리석은 것을 따라 대답하지 말라
두렵건대 너도 그와 같을까 하노라
미련한 자에게는 그의 어리석음을 따라 대답하라
두렵건대 그가 스스로 지혜롭게 여길까 하노라

잠언 26:4-5

chapter 10
성경적 변호의 기본 구조

미련한 자의 어리석은 것을 따라 대답하지 말라 두렵
건대 너도 그와 같을까 하노라 미련한 자에게는 그의
어리석음을 따라 대답하라 두렵건대 그가 스스로 지
혜롭게 여길까 하노라(잠 26:4, 5)

우리가 지난 과에서 한 것과 같이 변증학에 있어서 발생하는 과오들을 살펴보는 것은 분명 가치 있는 일입니다. 그러나 더욱 중요한 임무는 기독교에 대한 성경적 변증의 바람직한 전개입니다. 이번 과에서는 성경의 지침들에 따른 변증의 기본 구조를 제시하고자 합니다. 그보다 먼저 성경은 우리에게 신앙의 변증에 대한 단계적인 가르침을 주고 있지는 않다는 점을 기억해야 합니다. 그러므로 이번 과에서 제시되는 구조는 단지 관련된 성경의 원리들을 적절히 설명해 주고 있는 여러 가지 것들 중 하나입니다. 이번 과에서 제안하는 것이 어떤 사람들에게는 도움이 될 만할 것일 테지만 또 어떤 이들에게는 그렇지 않을 수도 있습니다. 더욱이 그 개념들 중에서 어떤 부분은 특정 상황에만 적절할 것입니다. 하지만 다른 대안으로 어떤 접근법을 채택하든지 간에 우리는 반드시 이전 과들에서 논의했던 그 성경적 원리와 맥을 같이하는 방법론을 취해야만 합니다.

A. 복음전파와 변증학

성경적 변증에 있어서 한 가지 중대한 점은 변증학과 복음전파와의 관계입니다. 많은 비성경적 관행들이 이 관계를 잘못 이해한 데에서 비롯되며 가치 있는 통찰력들은 이에 대한 올바른 관점에 의해 생겨납니다. 복음전파와 변증학은 여러 측면에 있어서 비슷합니다. 모든 신자들은 이 두 가지 모두에 대하여 얼마간의 책임을 지고 있습니다. 모든 신자들은 자신들의 언행을 통하여 그리스도의 복음을 전하고 그것을 변호해야 하는 것입니다. 복음전파와 변증학에 있어서 자신의 생명에 대한 그리스도의 주장을 듣고 논하기 위해서는 어느 정도는 불신자 편에서의 의지가 있어야 된다고 여겨집니다. 복음전파자나 변증가나 그리스도를 조롱거리로

밖에는 여기지 않는 자들에게는 값진 진리의 진주를 던져줄 필요가 없습니다(마 7:6 참고). 두 영역 모두에 있어서 기독인은 생명과 죽음의 문제를 다룹니다. 많은 이들이 변증학을 단지 논쟁에서 이기느냐 지느냐의 지적 게임(a intellectual game) 정도로만 여깁니다. 하지만 이전에도 말했듯이 복음전파를 통해서 하는 것과 마찬가지로 변증학을 통해서도 우리는 불신자에게 구원이냐 심판이냐의 선택을 제시하는 것입니다. 마찬가지로 성경적 변증학이 성경적 복음전파가 할 수 있는 것 이상으로 잃어버린 바 된 자의 회심을 보장할 수도 없습니다. 우리의 모든 노력을 기울이고 할 수 있는 가장 심오한 논증을 한다고 해도 만일 하나님께서 은혜로 어루만지셔서 마음 깊은 곳으로부터 믿게끔 만들지 않으신다면 결코 구원을 얻지 못할 것입니다. 변증학을 배운다고 해서 자동적으로 영혼 구원자가 되는 것은 아닙니다. 오로지 하나님의 은혜만이 복음의 효력을 가져옵니다. 복음전파와 변증학이 서로 어떤 식으로 연관되어 있는지는 성경이 잘 보여주고 있습니다. 사도행전 26장 2절에서 바울이 아그립바왕 앞에서 변호할 때에 그는 변호의 최절정부로서, 아니면 적어도 매우 중대한 부분으로서 그리스도의 복음을 제시하고 있습니다.

> 곧 그리스도가 고난을 받으실 것과 죽은 자 가운데서
> 먼저 다시 살아나사 이스라엘과 이방인들에게 빛을
> 전하시리라 함이니이다(행 26:23)

 더욱이 바울이 디모데에게 기독교에 대한 그의 첫 변증을 적어 보낼 때에 그는 자신의 변증에 있어서 "선포된 말씀이 온전히 전파되어 모든 이방인이 듣게 하려"(딤후 4:17) 한다고 말하고 있습니다. 다시 말해서 바울에게 있어서 변증이란 복음 선언의 필요성이 이방인들에게서 성취되는 것을 의미하였습니다. 우리가 어떠한 환경에 처해 있든지 신앙의 변증은 죄와 사망으로부터의 구원은 하나님의 아들이신 예수의 죽음과 부활을 통해서 온다는 선언과 함께 한데 얽혀 있어야만 합니다.

 변증학과 복음전파의 이러한 유사점을 마음에 담고 있기만 한다면 일반적인 잘못된 이해에서 벗어날 수 있을 것입니다. 변증학이란 의지와 정서는 복음전파의 몫으로 남겨둔 채 단지 비기독인의 지적인 마음만을 대면하려고 하는 시도가 아닙니다. 신앙을 변증할 때에 우리는 단순히 불신자가 그리스도의 구원에로 돌아서게 하기 위한 준비단계로서 기독교를 논증하는 것을 의미하지 않습니다. 변증학이란 불신자의 전인격(the entire personality)을 그리스도 안에서의 하나

님의 요구들과 직면케 하는 것입니다. 복음을 변증한다는 것은 단순히 복음제시에 앞서 선행되는 것이 아니라 복음의 선포를 수반하는 것입니다.

변증학과 복음전파의 밀접성에 주목하는 것이 중요하면서 동시에 그 둘을 구분 짓는 것 또한 필요합니다. 그렇게 하지 않을 경우 다음의 두 가지 경향이 야기될 것입니다. 한편으로는 신자가 그 신앙을 변증하고자 하는 시도를 포기하고 단지 신앙을 전파하는 것으로 대체하게 될 것입니다. 만일 변증학과 복음전파가 전적으로 같기만 한 것이라면 기독인은 불신앙적인 질문들에 답하기를 거절한 채 단지 "여러분은 제가 하는 말을 믿어야만 합니다. 왜냐하면 여러분은 믿어야만 하기 때문입니다."라고만 하게 될 것입니다. 말할 것도 없이 이러한 방법은 자신들의 대적자들의 반대를 진지하게 받아들였던 그리스도와 그의 사도들의 방법과는 거리가 멉니다. 또 다른 한편으로 변증학과 복음전파의 차이점을 구분 짓지 못할 경우 기독인은 불신자가 그리스도를 믿기 위해선 길고 정교한 변증이 반드시 선행되어야만 한다고 생각하게 될 것입니다. 만일 그와 같은 기독인에게 어떤 비기독인이 다가가서 믿기를 원한다고 말한다면 그 기독인은 아마도 다음과 같이 말할 것입니다. "잠시만요! 기독교 신앙에 대해 제기되는 일반적인 반대들에 대한 저의 답변을 들어보기 전에는 당신은 진정으로 믿는다고 할 수 없을 겁니다." 비슷한 상황에서 바울은 단순히 이렇게 대답했다는 것을 기억해야 합니다. "주 예수를 믿으라 그리하면 너와 네 집이 구원을 받으리라"(행 16:31). 변증학과 복음전파를 함께 총칭적으로 정의해 버리는 것은 자주 비성경적인 방법과 관행을 낳게 될 것입니다. 서로를 구분 짓는 데에도 주의를 기울여야만 합니다.

변증학과 복음전파의 차이를 의도 혹은 주제의 차이로 이해하는 것도 좋습니다. 복음전파는 그리스도의 죽으심과 부활을 통한 구원의 복음과 다가올 심판에 대한 선포의 성격이 강합니다. 명확한 표현으로 불신자들에게 전파됩니다.

> 아들을 믿는 자에게는 영생이 있고 아들에게 순종하지 아니하는 자는 영생을 보지 못하고 도리어 하나님의 진노가 그 위에 머물러 있느니라(요 3:36)

반면 변증학은 그러한 주장들의 정당화(justification)에 관한 것입니다. 즉 "(우리) 속에 있는 소망에 관한 이유를 묻는 자에게"(벧전 3:15) 대답하는 것이라 하겠습니다. 이러한 면에서 복음전파는 주로 우리가 무엇을 믿는가를 다루는 것이고 변증학은 우리는 왜 믿는가에 관한 것을 더욱 다루는 것이라고 할 수 있습니다. 물론 두 영역 모두에 대한 공통된 사안들이 많이 있습니다. 그러나 우리는 변증학을 보다 넓은 의미의 복음전파(extended evangelism)로 이해할 수 있습니다. 왜냐하면 변증학은 불신자에게 복음에 드러나 있는 심판과 소망의 메시지를 변호하고 설득하는 것을 추구하기 때문입니다(그림 21을 보라).

이와 같은 바탕 위에서 우리는 기독교의 변증을 어떻게 시작하고 끝맺는지를 더욱 분명히 알게 됩니다. 우리가 이미 살펴본 바와 같이 베드로전서 3장 15절은 우리가 왜 기독교 소망을 가지는지에 대해 답을 할 것을 요구받을 때의 변증에 대해 준비를 해두는 것이 더욱 효과적임을 보여줍니

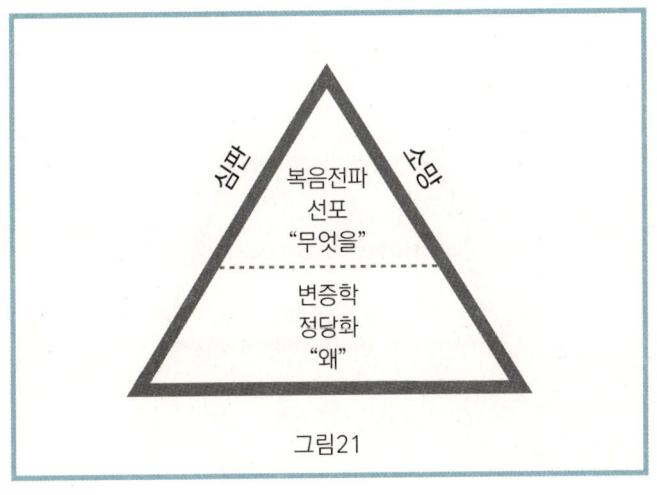

그림21

성경적 변호의 기본 구조

다. 불신자들과의 일상적인 대화에서는 변증의 기회는 논쟁적인 특정 사안이나 주제에 대한 논의의 결과로서 생겨납니다. 기독인이 그 사안에 대한 자신의 견해를 내 놓을 때에 그는 자신의 의견이 기독교신앙으로부터 생겨난 것이라는 점을 보여줄 기회를 갖게 되며 그 시점에서 자신이 충실히 그리스도에게 의존하고 있음을 변호할 수 있게 됩니다. 결국 그의 변호는 불신자로 하여금 그리스도의 복음에 복종하도록 요구하게 될 것입니다(그림 22를 보라).

예를 들어 어떤 신자가 전쟁이나 사형제도 혹은 다른 어떤 주제에 관한 자신의 의견을 제시하였다고 합시다. 만일 그 대화가 충분히 지속된다면 어떠한 특정 답변이 주어지든

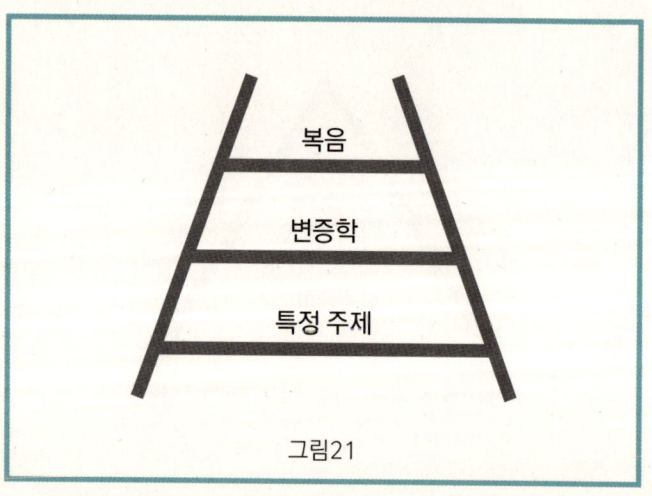

그림21

지 간에 그 신자는 그의 의견의 원천인 그리스도에 대한 자신의 의존성에 대해 변호하게 될 것입니다. 일단 그러한 변호가 시작되면 그것은 복음과 함께 한데 어우러져야 하며 죄인의 독립성에 효과적인 도전이 되어 회개를 촉구하는 것이 되어야 합니다. 기독인과 비기독인의 대화 가운데 변호의 필요성이 생겨날 때에 변증학은 사용되며 그것은 효과적이고도 설득력 있는 방식으로 그리스도의 복음을 증언하는 역할을 하게 됩니다.

B. 두 가지의 정당화(justification)

잠언 26장 4절과 5절은 복음의 내용들을 정당화하는 것에 대한 몇몇 유용한 가르침들을 주고 있습니다. 그 구절들은 실천적인 풍성한 지침들을 담고 있는데 두 구절에서 우리는 어리석은 자에게 어떻게 답해야 하는지를 배우게 됩니다. 잠언은 어리석은 자에 대하여 많은 이야기를 하고 있습니다. 본질적으로 어리석은 자는 인간에게 계시된 하나님의 지혜의 신뢰성에 의문을 제기하는 자입니다. 그는 하나님 두려워하기를 거절하므로 모든 지혜를 거절하게 되는 것입니다. 우리의 논의에서 볼 때 그 어리석은 자란 기독교 신앙에 대한 변증을 요구하고 나서는 비기독인이라 하겠습니다. 한편으로 이 잠언 구절은 우리에게 "미련한 자의 어리석은 것을 따라 대답하지 말라"(4절)고 가르치고 있습니다. 즉 우리는 하나님의 계시에 대한 우리의 의존성을 저버리면서까지 비기독인에게 답해서는 안 된다는 것입니다. 우리는 기독교 철학의 관점에 입각하여 답해야만 합니다. 또 다른 한편으로는 우리에게 "미련한 자에게는 그의 어리석음을 따라 대답"(5절)해야 한다고 가르치고 있습니다.[29] 어떤 면에 있어서는 비기독교 철학의 관점을 사용하여 기독교 신앙을 변호해야 한다는 것입니다. 기독교 신앙을 정당화하는 이 두 가지 방법 모두에 대해 살펴보기로 하겠습니다.

a. 진리에 의한 주장

진리에 의한 주장은 기본적으로 기독교적 주장들의 신뢰성에 대한 비기독인의 의구심이나 반론들에 기독교적이거나 혹은 성경적인 관점으로 답하는 것입니다. 잠언의 저자가 왜 우리는 진리에 의해 주장해야만 한다고 말하고 있는지를 주목하십시오.

---

[29] 이 구절의 NASB 번역은 원문의 뜻을 제대로 전달하지 못한다. 본 저자는 RSV 번역본을 따랐다.

> 미련한 자의 어리석은 것을 따라 대답하지 말라 두렵
> 건대 너도 그와 같을까 하노라(잠 26:4)

어리석은 불신자는 그의 인생에서 죄의 영향으로부터 해방될 아무런 소망이 없습니다. 그는 자신의 철학에 의해서는 하나님을 발견할 수 없으며 심지어는 자기 자신이나 세상을 옳게 알지 못합니다. 만일 기독인이 진리에 의한 주장의 중요성을 인식하지 못한다면 그 역시도 불신자와 똑같이 어리석음에 얽매이게 될 것입니다. 너무나 자주 기독인들이 자신들의 변증적 방법에 있어서 진리에 의한 주장을 부인함으로 인해 결국 어리석은 불신자와 같이 되고 맙니다. 우리가 진리에 의한 주장의 중요성을 알기만 한다면 그와 같은 혼란을 피할 수 있을 것입니다. 아덴에서 바울은 하나님의 참된 속성에 대해서 기독교적 관점으로 논함으로써 자신의 변증을 시작합니다. 그는 다음과 같이 말합니다.

> … 그런즉 너희가 알지 못하고 위하는 그것을 내가
> 너희에게 알게 하리라 우주와 그 가운데 있는 만물을
> 지으신 하나님께서는 천지의 주재시니 손으로 지은
> 전에 계시지 아니하시고(행 17:23-24)

또한 사도행전 22장에서 바울은 자신의 회심 이야기를 기독교적 관점에서 제시함으로써 변증을 시작합니다. 실제로 우리가 모든 상황에서 진리에 의한 주장으로 시작해야만 하는 것은 아닙니다. 그러나 분명한 것은 우리는 그 방식을 절대로 저버려서는 안 됩니다. 왜냐하면 그러한 방식의 주장은 성경적 변증학에 있어서 매우 중요하기 때문입니다.

기독인이 기독교적 관점으로부터의 주장을 통해서 충실히 하나님께 의존하는 것은 스스로에게 좌절감을 안겨 주는 것이 아니라 사람으로 하여금 죄의 지배 아래서의 무익함에서 벗어나 자유로이 살 수 있게 해 준다는 점을 보여줄 수 있습니다. 바울이 이렇게 말합니다.

> 내가 미친 것이 아니요 참되고 온전한 말을 하나이다
> (행 26:25)

우리가 처한 여러 다양한 상황에 따라서 진리에 의한 주장도 다양한 형태를 띨 수 있으며 띠게 될 것입니다. 그러나 그것이 어떠한 형태로 주어지든지 간에 그 대답은 반드시 성경에 나타난 하나님의 계시를 따른 것이어야 합니다. 그렇기 때문에 신앙의 변호자가 성경을 잘 공부하고 성경에 익숙해야 함은 필수적이라 하겠습니다. 만일 진리에 무지하

다면 진리에 의한 주장을 해내기는 어려울 것입니다. 변증학에 있어서 성경 계시의 모든 면이 사용될 수 있으며 얼마나 효과적인 변증가인가 하는 것은 그가 "진리의 말씀"(딤후 2:15)을 얼마나 정확하게 다룰 수 있는지에 달려 있습니다. 하나님의 말씀 안에는 불신자로 하여금 자신에게 구세주와 구원을 위한 그리스도의 죽음과 부활이 필요함을 깨닫게 하는 성경의 진리가 담겨 있습니다. 순종적인 종들로서 우리 모두는 "미련한 자의 어리석은 것을 따라 대답하지 말아야" 하며 하나님 말씀의 진리를 따라야만 합니다.

진리에 의한 주장에는 기본적으로 세 단계가 있습니다. 첫째로, 기독인은 자신의 대답이 구세주 되시는 그리스도에 대한 믿음에서 연유된 것임을 인정해야 합니다. 이러한 고백은 간결한 언급으로 표현될 수도 있고 또는 다소 복잡한 회심경험의 이야기 형식으로 표현될 수도 있습니다. 어떤 경우에든지 이 첫 단계를 무시함으로써 생겨날 수 있는 혼란을 피하는 가장 좋은 방법은 그리스도에 대한 근본적인 신앙을 분명하게 언급하는 것으로 진리에 의한 주장을 시작하는 것입니다.

진리에 의한 주장의 두 번째 단계는 다음의 두 가지 형태 중에서 한 가지를 취하는 것입니다. 먼저는 만일 변증가가 기독교적 답변을 위한 성경적 자료를 잘 모른다고 해도 낙담할 필요가 없습니다. 기독교는 우리의 무지에 관해서도 설명을 해 주고 있습니다. 유한한 인간이기 때문에 무지할 수도 있는 것입니다. 그럼에도 우리는 만일 답이 주어진다고 했을 때에 그것은 하나님의 계시에 의존한 것임이 틀림없다는 것만은 확신할 수 있습니다. 예를 들어 대부분의 기독인들은 진화론을 반증하는 혹은 지지하는 소위 과학적 증거라고 하는 것들에 대해 잘 모릅니다. 하지만 그것들을 잘 모른다고 해서 성경의 창조기사에 대한 의구심을 갖게 되는 것은 아닙니다. 기독인이 모든 것을 다 알지는 못하지만 모든 것의 근원이 무엇인지는 알고 있으며 하늘과 땅의 창조자에 대한 확신을 가질 수 있으며 불신앙의 어리석음을 대항할 수 있는 것입니다. 알려지지 않은 것들이 있다고 해서 그것들이 하나님의 말씀에 의해 드러난 것들에 대해 결코 위협이 될 수 없습니다. 왜냐하면 하나님이 예외 없이 모든 것을 다 알고 계시기 때문입니다. 그리고 하나님의 계시는 전적으로 신뢰할 수 있습니다. 실제적인 상황에서 엄청난 무지에 직면했을 때에라도 진리 —결코 패하지 않는 진리— 에 의한 주장은 제시되어야만 합니다.

다른 한편으로 신자가 불신자의 반론에 대한 기독교적 답변을 알고 있다고 한다면 그 기독교적 입장을 정당화 하는 일에 착수해야만 합니다. 기독교적 관점을 확립한다는 것은 분명 성경과 그 안에 담겨진 해답들에 대한 언급을 포함하는 일인데 그것은 진리에 의한 주장을 펼칠 때에 더욱 그러합니다. 성경의 관점을 취할 때 외부 세계와 기독인 개인의 체험과 사상은 기독교의 입장을 뒷받침하고 있는 것이 됩니다. 세계와 인간은 성경이 그것들에 대해 말하고 있는 바 그대로이며 기독인은 성경적 입장을 설명하고 표명하기 위해 그러한 창조의 측면들을 사용해야만 합니다. 물론 그러한 성경 외적인 증거들이 종교적 신봉의 참된 특성에 대한 인식 없이 중립적인 도구들로 사용될 수 있다는 말이 아닙니다. 그러한 종류의 증거들 역시 성경적 증거들처럼 종교적인 전제를 가지고 있는 것들입니다. 그리스도 안에서의 신자들로서 우리는 성경이 이 세상과 신자의 개인적 경험들에 대해 옳게 말하고 있다는 것을 확신합니다. 기독교가 죄로 물든 사고의 무익함에서 벗어나는 방법으로서의 기독교적 입장이 있습니다. 그리고 그 입장으로부터 우리는 인생에 대한 성경의 묘사와 실제 인생의 양상이 일치한다는 사실을 발견할 수 있습니다. 이러한 식으로 우리는 고린도전서 15장 3-8절에서의 그리스도의 부활에 대한 바울의 변호를 이해할 수 있을 것입니다. 이 본문에서 바울은 세 단계의 논증을 사용하고 있습니다. 첫째로(3-4절), 그는 그리스도의 죽음과 장사됨 그리고 부활이 구약성경과 사도적 전통에 따른 것이라고 말합니다. "장사 지낸 바 되셨다가 성경대로 사흘 만에 다시 살아나사"(고전 15:4)라고 주장하였습니다. 둘째로(5-7절), 그는 많은 증인들의 주장들에 의해 뒷받침되는 외적인 역사적 논증들을 제시합니다. 그는 "오백여 형제에게 일시에 보이셨나니"(고전 15:6)라고 담대하게 선언하였습니다. 셋째로(8절), 바울은 그리스도의 부활의 사실성을 다메섹 선상에서의 자신의 개인적 체험에 입각하여 말하고 있습니다. "내게도 보이셨느니라"(고전 15:8). 우리는 바울이 중립적인 입장이 아닌 분명하게 기독교적인 관점으로부터 논증하고 있다는 사실을 알아야 합니다. 더욱이 바울은 부활의 개연성에 대해 논하고 있는 것이 아니라는 점에도 주목해야 합니다. 성경의 증거는 부활의 사실성을 확증하고 있습니다. 그러면서도 한편으로 이 사도는 성경 외적인 증거들을 성경의 관점에서 사용하기를 주저하지 않는다는 점 또한 우리가 알아야 할 대목입니다. 이러한 바울의 예로 볼 때에 진리에 의한 주장에 있어서 기본적으로 세 가지 증거의 원천들이 있다고 하겠습니다. 우리는 성경의 증거와 외적인 증거 그리고 우리 개인의 체험을 가지고 기독교의 주장들을 뒷받침할 수 있을 것입니다.

〈성경으로부터의 증거〉

기독인은 그가 답해야만 하는 질문들과 관련하여 성경을 신적인 권위를 가진 것으로 봅니다. 따라서 성경적 증거들을 가지고 기독교적인 관점을 뒷받침하는 것은 여러 면에서 가장 근본적인 방법이라 할 수 있습니다. 성경을 가지고 증거를 제시한다는 것은 단지 질문의 요점을 입증할 수 있는 성경구절의 인용을 의미하지 않습니다. 적지 않은 경우에 그와 같은 단순 구절 인용은 아무런 입증도 해내지 못합니다. 어떠한 입장을 성경적으로 뒷받침하는 것은 성경적인 원리들 즉 소위 성경적 논리라고 불리는 것을 관련 질문들과 연관시킴으로써 이루어집니다. 어떠한 경우든지 기독인이 논점과 자신의 입장에 대한 성경적 근거들을 바르게 이해하고 있을 때에 그의 관점은 지지를 얻게 됩니다. 기독교 변호에 매우 중요한 질문과 논의에 대해 말씀하시는 하나님의 음성을 성경 안에서 발견할 수 있습니다.

〈외부 세계로부터의 증거〉

성경의 관점에서 볼 때 외적인 세상은 기독교적 견해에 대한 많은 증거들을 제공해 주고 있습니다. 물론 이러한 종류의 증거들을 사용할 때에는 세심한 주의가 요구됩니다. 왜냐하면 많은 경우에 신자마저도 자신을 둘러싼 세상에 대해 올바르게 이해하지 못할 때가 있기 때문입니다. 외적인 세상에 있어서 증거들이란 때때로 지금까지 그것들이 입증한다고 여겨지던 것들이 아닌 다른 것을 입증하는 것으로 드러날 때가 있습니다. 예를 들면 오래전에는 신실한 기독인들은 태양이 지구를 돌고 있는 것이 하나님께서 우주를 계획하셨을 때 지구와 거기에 서식하는 것들을 중심으로 하셨음을 입증하는 것이라고 주장하였습니다. 그러나 오늘날 과학은 실제로는 지구가 태양주변을 돌고 있는 것이라는 사실을 밝혀냈습니다. 한 때 기독교에 대한 증거로서 그릇되게 사용되던 것들은 더 이상은 기독인에게마저도 받아들여지지 않습니다. 그러므로 외적 세상으로부터의 증거들을 사용함에 있어서 주의와 신중을 기해야 할 것입니다.

주의를 요하긴 하지만 기독교를 변호하기 위해 가능한 외적 증거들은 사용되어야 합니다. 기독교는 신자가 외적 세상을 바라보는 방식에 영향을 미칩니다. 그리고 일부 현대 신학자들이 주장하는 바처럼 기독인들은 어떤 사실들에도 불구하고 기독교를 믿는 것이 아니라는 점을 분명히 해야 합니다. 기독인들은 그 사실들로 인하여 그리고 그 사실들에 대한 죄인들의 잘못된 해석들에도 불구하고 믿는 것입니다. 이러한 시각은 기독교적 견해를 위한 과학적, 역사적, 논리적 주장들의 사용을 허용할 뿐 아니라 요구하고 있습니다. 그러나 기독교 변증가들은 이러한 증거들에 따라서 기독교가 서기도 하고 넘어지기도 한다고 보는 경향이 있습니다. 그와 같은 관점은 그 증거들을 참되게 이해하는 유일한 방법 즉 그리스도와 그의 말씀에 대한 신봉을 저버리는 것입니다. 다른 한편으로 말씀에 굳건히 전념하기를 바라는 어떤 기독인들 가운데는 위에 언급된 그러한 종류의 증거들은 필요 없다고 생각하는 이들이 있습니다. 하지만 그와 같은 관점은 이 세상의 참된 성격을 명백히 알려주고 있는 성경 권위의 폭넓은 의의를 제대로 보지 못하고 있는 것입니다. 성경적 입장은 그러한 외적 증거들을 중요하게 생각합니다. 바울은 그러한 것들을 자주 사용하였습니다. 이고니온에서 바울은 외적 세계의 질서를 언급하면서 하나님에 대한 지식에 호소하였습니다.

> 그러나 자기를 증언하지 아니하신 것이 아니니 곧 여러분에게 하늘로부터 비를 내리시며 결실기를 주시는 선한 일을 하사 음식과 기쁨으로 여러분의 마음에 만족하게 하셨느니라(행 14:17)

그는 또한 베스도에게 이렇게 말했습니다.

> 이 일은 한쪽 구석에서 행한 것이 아니니이다(행 26:26)

요한복음은 역사적 증거들 즉 예수의 신적 표적들을 많이 강조합니다. 요한은 다음과 같이 명백히 말하고 있습니다.

> 예수께서 제자들 앞에서 이 책에 기록되지 아니한 다른 표적도 많이 행하셨으나 오직 이것을 기록함은 너희로 예수께서 하나님의 아들 그리스도이심을 믿게 하려 함이요…(요 20:30-31)

바르게 사용되기만 한다면 외적 증거들이야말로 진리에 의한 주장의 주요한 한 부분인 것입니다.

〈개인적인 체험으로부터의 증거〉

진리에 의한 주장에 있어서 신자가 사용할 수 있는 또 다른 한 가지 증거의 원천이 있는데 그것이 바로 기독교 신앙에 대한 신자 개인의 체험에 의한 증거입니다. 외적 세계로부터의 증거들이 대체적으로 공적인 면밀한 조사에 의한 것들이라고 한다면 개인적 체험으로부터의 증거들은 대개 사적인 종류의 것들입니다. 신자의 회심 경험과 하나님과의 개인적인 유대관계를 통한 성장 이 두 가지는 사용될 수 있는 더욱 두드러지는 논증들이라 할 수 있습니다. 바울은 종종 다메섹 선상에서의 체험을 가지고 신앙을 변호하였습니다(행 26:12-20). 그는 자신의 주장을 바탕으로 해서 자신의 그리스도와의 개인적인 만남을 받아들여져야 할 사실로서 제시하였습니다. 물론 신자의 변화된 삶에 있어서 참된 회심의 외적 증거들은 있게 마련입니다. 그러한 회심 자체와 계속되는 성령의 내주하심은 기독교적 관점에 대한 부인할 수 없는 증거의 원천들입니다.

진리에 의한 주장에 있어서 증거제시 이후에 행해져야 할 세 번째 단계가 있습니다. 대부분의 경우에 불신자는 진리에 의한 주장의 두 번째 단계에서 행해진 정당화에 만족하려 하지 않을 것입니다. 그러한 경우에 진리에 의한 주장은 한 단계 더 나아가야 합니다. 일단 성경적 변호를 한 다음에는 비기독인이 기독교적 증거들을 부인하는 이유가 자신의 독립성을 신봉하기 때문이라는 사실을 보여줄 필요가 있습니다. 불신자가 가지고 있는 기독교를 반대하는 모든 사상들은 자신을 진리에 대한 독립적인 심판자로 세우고자 하는 욕망에서 기인합니다. 우리는 많은 비기독인들이 스스로를 중립적이고 객관적이라고 생각하는 시대에 살고 있습니다. 그러므로 우리는 그들이 기본적으로 신봉하는 것이 무엇인지를 드러내 보여야 합니다. 그것은 일련의 계속되는 질문들을 통해서 가능하다 하겠습니다. 만일 비기독인에게 그가 스스로의 독립성을 신봉하고 있다는 점을 보여주고자 한다면 그러한 점이 분명해질 때까지 계속하여 다음과 같은 질문들을 던질 수 있을 것입니다. "왜 그렇다고 생각하시죠?" 혹은 "당신은 그것을 어떻게 아나요?" 불신자는 스스로 그것이 옳다고 독립적으로 판단했기 때문에 그것이 그렇다고 생각하고 믿는 것입니다. 예를 들어서 불신자는 기독교의 하나님은 존재하지 않는다고 주장할 것입니다. '왜?'라는 질문에 그는 아마도 "당신은 나에게 납득할 만한 증거를 보여주지 않았으니까요."라고 말할 것입니다. '왜'라는 질

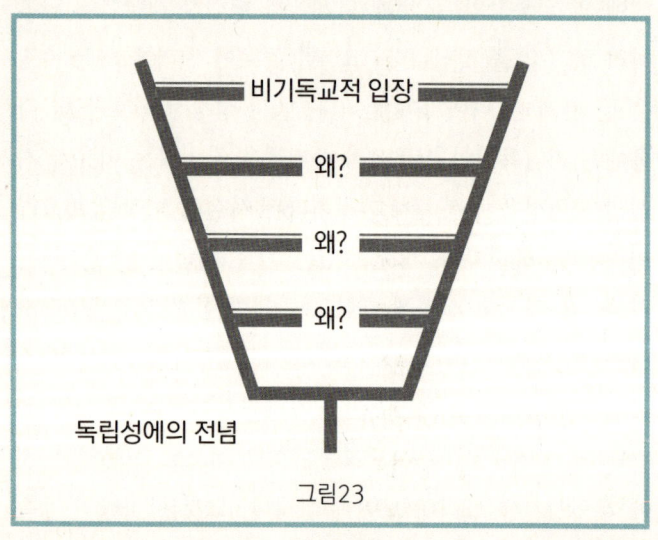

그림23

문에 그 증거가 설득력 있는 것이 못 되기 때문이라고 답할 때에 그는 그것이 곧 다른 말로 하자면 자신만의 독립적인 진리의 기준에 부합하지 않기 때문이라는 것을 의미함을 인정해야만 할 것입니다. '왜'라는 질문에 답하려 할 때에 자기 자신의 진리 기준을 사용하는 것은 곧 성경과 하나님께 복종하지 않고 자신의 독립적인 결정에 따라 사물을 바라보고 있음을 드러내는 것입니다(그림 23을 보라).

불신자의 이러한 점을 드러냄으로써 기독인은 모든 사람은 그리스도를 위한 선택을 하든지 아니면 대항하는 선택을 하든지 둘 중 하나의 선택을 한다는 사실을 보여주게 됩니다. 그러한 구분의 선이 뚜렷해지면서 비기독교적 사고방식의 소망 없음이 나타나게 되는 것입니다.

요약하자면 진리에 의한 주장은 기독교적 답변들을 가지고 비기독인의 반론에 대답하는 것이라고 할 수 있습니다. 거기엔 기본적으로 세 단계가 있는데 첫째로, 기독인은 자신의 견해들이 그리스도에 대한 신앙에 의해 규정된다는 사실을 인정하는 것입니다. 둘째로, 기독인은 기독교적 증거를 제시하든지 아니면 현재의 특정 주제에 대해 자신이 잘 모르고 있다는 점을 설명해야 합니다. 세 번째로, 기독인은 비기독인이 죄로 물든 자아에 충성하기 때문에 기독교적 관점을 받아들이려 하지 않는다는 것을 보여주어야 합니다.

이 세 가지 단계를 마음에 잘 담고 있다면 기독교 변증을 위한 진리에 의한 주장을 펼쳐나갈 수 있을 것입니다.

b. 어리석음을 따르는 주장

잠언 26장 4절과 5절은 우리는 또한 어리석음을 따라서도 논증을 펼쳐나가야 한다고 말합니다. 우리는 불신자 자신의 수칙과 개념에 의해서 불신자에게 답하기도 합니다. 하지만 그와 같은 논의의 목적은 기독교적 관점의 긍정적 확립에 있는 것은 아니고 죄악된 사고의 어리석음을 보여주는 데 있습니다.

> 미련한 자에게는 그의 어리석음을 따라 대답하라 두렵건대 그가 스스로 지혜롭게 여길까 하노라(잠언 26:5)

기독교 변증가는 비기독인이 자신 스스로에 대해 가지고 있는 확신을 제거하기 위해 불신자의 사상체계에서 받아들여질 만한 증거들과 논증들을 사용하고자 합니다. 비기독인은 지혜를 가지지 못하며 그의 자기 확신은 단순히 기만일 뿐입니다. 불신자의 자기 사고방식에 대한 각성은 불신자가 그리스도를 거부하는 것은 결코 자신과 세계 그리고 하나님에 관한 참된 지식에로 이끌 수 없는 자기모순과 자기절망적인 관점에 기반하고 있다는 사실을 기독인이 효과적으로 보여줄 때 일어납니다. 비기독교적 철학은 하나님의 심판 아래 있으며 자멸을 가져올 뿐입니다. 예레미야는 죄악된 사상이 가져올 불가피한 책망을 다음과 같이 말하였습니다.

> 네 악이 너를 징계하겠고 네 반역이 너를 책망할 것이라 그런즉 네 하나님 여호와를 버림과 네 속에 나를 경외함이 없는 것이 악이요 고통인 줄 알라…(렘 2:19)

하나님을 저버리는 자들은 그들 자신의 그러한 시도에 의해 스스로 지적당하고 책망당하는 것입니다. 시편 기자는 다음과 같이 기도하였습니다.

> 하나님이여 그들을 정죄하사 자기 꾀에 빠지게 하시고…(시 5:10)

더욱이 시편은 이렇게 말합니다.

> 이방 나라들은 자기가 판 웅덩이에 빠짐이여 자기가 숨긴 그물에 자기 발이 걸렸도다 여호와께서 자기를 알게 하사 심판을 행하셨음이여 악인은 자기가 손으

로 행한 일에 스스로 얽혔도다(시 9:15-16)

하나님의 심판이 그들에게 임할 때에 불신자들의 모든 모략과 교묘함과 노력들은 스스로를 대적하는 것이 될 뿐입니다. 불신자의 이러한 타고난 무익성은 신자가 불신 사상 체계에 내재되어 있는 비일관성을 지적함으로써 그들에게 드러나게 됩니다. 이로써 그 변증가는 그리스도를 거부하는 일의 무익성과 소망 없음을 그 반대자들에게 드러내는 심판의 메신저가 되는 것입니다.

진리에 의한 주장처럼 어리석음을 따르는 주장에도 세 가지 단계가 있습니다. 불신자에게 그는 하나님으로부터 벗어나서 스스로의 독립성에 전념하고 있다는 사실을 이미 확인시켜 주었다면 자신의 그러한 태도의 정당성을 입증할 것을 그에게 요구함으로써 그와 같은 태도의 무익성을 드러낼 수 있을 것입니다. 만일 그 불신자가 그것의 정당성을 입증하고자 하거나 혹은 자신의 독립성에 대한 정당성을 입증할 필요가 없다고 주장하려 한다면 그러한 그의 답변이 왜 타당하다고 생각하는지를 그에게 물음으로써 그의 답변 자체가 이미 그의 독립성의 신봉에 기반하고 있다는 사실을 보여주는 것입니다. 그러할 때에 그 불신자는 정당성을 확보하지 못하게 되며 단지 그가 얼마나 자신의 독립성에 충실한지만을 설명하게 될 뿐인 것입니다. 만일 그 불신자가 자신이 독립성을 신봉하는 것은 정당성을 입증할 수 있는 성질의 것이 아니라고 주장한다면, 신자는 그에게 그렇다면 왜 그다지도 극진히 거기에 매달려 있느냐고 물을 수 있을 것입니다. 어떤 경우에든지 비기독인에게 자신이 맹목적으로 스스로의 독립성을 신봉하고 있으며 정당한 이유 없이 단정적으로 기독교를 부인하고 있음을 보여주는 것은 그다지 어려운 일이 아닙니다. 더욱이 비기독인은 자멸의 악순환에 갇힌 채로 기독교를 이성적으로 대항하고자 하는 절망 가운데 스스로 남겨지게 됩니다. 그러한 악순환은 오직 복음을 믿음으로써만 부수어 버릴 수 있습니다.

비기독인은 확실히 순환적 사고를 합니다. 그러나 기독인 역시도 그렇습니다. 어리석음을 따르는 주장의 두 번째와 세 번째 단계에서는 기독교의 순환성과 비기독교의 순환성은 근본적으로 다른 것임을 분명히 하고자 합니다. 전자의 경우는 이 땅에서의 인간의 목적의 성취를 제공해 주고 있고 후자는 불신자를 비일관성과 자기모순의 소용돌이로 몰아넣을 뿐입니다. 불신앙의 무익함은 독립성에 전념하는 것은 타당한 근거가 없는 일이라는 점에 있어서 명백해질 뿐만 아니라 비기독인들이 기독교에 대항하여 제시하는 특정한 반대들을 통해서도 나타납니다.

어리석음을 따르는 주장에서의 두 번째 단계는 불신자들이 제기하는 반대의 종류에 따라서 두 가지 형태 중 하나를 취하게 될 것입니다. 만일 불신자가 절대적 확실성을 주장한다면 그는 자신의 언급의 전적 불확실성에 직면해야 할 것입니다. 다른 한편 불신자가 전적 불확실성을 주장한다면 그는 자신의 입장의 절대적 확실성과 마주해야만 합니다. 다시 말해서 그 불신자는 절대적으로 확실하면서도 동시에 전적으로 불확실함으로 인해 자신의 관점을 스스로 무너뜨리고 있는 셈입니다. 이러한 경우들이 비기독교적 신관과 세계관 그리고 인간관에서 어떻게 나타나고 있는지 살펴보도록 합시다.

〈하나님과 그의 계시에 관한 반론들〉

불신자는 하나님을 속속들이 알지 못하며 알 수도 없기 때문에 하나님과 그의 계시에 관한 자신의 관점에 대해 확실성을 가질 수 없습니다. 하나님 그분에 관하여는 더욱 그러합니다. 이러한 그의 무지는 그로 하여금 전적 불확실성을 갖게 만듭니다. 하지만 비기독인은 전적 불확실성을 가질 수도 없습니다. 왜냐하면 불확실하다는 것은 확실하게 불확실하다는 것을 말하는데 불신자는 그와 같은 확실성을 가질 수 없기 때문입니다. 대부분의 비기독인들은 종교적인 사안들에 있어서의 자신들의 무지를 드러냄으로써 이러한 딜레마의 현실에 빠져 있음을 보여주고 있습니다. 그들은 하나님과 그분의 계시에 대하여 일관되게 이야기할 수 없는 것입니다.

〈이 세상과 관련한 반론들〉

비기독인들은 자주 외적 세상에 대한 자신들의 의견을 바탕으로 해서 기독교를 반대합니다. 그러한 경우에도 불신자는 확실한 입장을 견지할 수 없는데 그 이유는 그는 이 우주의 모든 요소들과 부수적인 것들을 다 설명할 수 없기 때문입니다. 그렇다고 그는 불확신할 수도 없습니다. 왜냐하면 그가 취하는 그와 같은 입장은 이 세상의 성격에 대하여 확실성을 가지고 말하고 있기 때문입니다. 결국 그 불신자는 딜레마에 빠질 수밖에 없습니다. 언제나 이 세계에 대한 새로운 사상들과 발견들이 생겨나며 그것들은 불신자를 절대적으로 확실하면서도 동시에 전적으로 불확실한 상황에 처하게 합니다. 불신자가 이 문제에서 벗어나기는 불가능합니다.

〈인간과 관련한 반론들〉

비슷한 방식으로 인간에 관하여 확실성을 갖는 모든 비기독교적 입장은 전적으로 불확실하며 불확실성을 갖는 모든 입장은 절대적으로 확실합니다. 따라서 불신자가 인간에 관한 자신의 견해로 인하여 기독교에 반대한다면 그는 아마도 자신의 입장을 일관되게 견지할 수 없음을 보이게 될 것입니다.

어리석음을 따르는 두 번째 단계는 다음과 같이 요약될 수 있습니다. 기독인은 비기독인이 우주의 모든 증거들을 다 검토한 것이 아니라는 점을 지적함으로써 비기독인이 확실성을 갖기에는 무능하다는 것을 보여주고자 합니다. 기독교적 관점에 상응하는, 그럼에도 비기독인이 받아들일 만한 증거라고 여기는 어떤 것들을 언급함으로써 그 점을 보여줄 수 있겠습니다. 그러나 더욱 중요하게는 기독인은 불신자가 모든 증거들을 다 검토할 수 없다는 점을 지적해야 합니다. 비기독인의 유한성으로 인해 전적으로 완전한 검토는 불가능한 것입니다.

어떠한 알려지지 않은 사실이 비기독인이 유한한 이해를 갖고 있음을 보여줄 수 있기 때문에 비기독인은 어떤 증거가 진정으로 기독교적 입장을 반박하고 있다고 전혀 확신할 수 없습니다. 만일 그 비기독인이 그의 입장을 계속 견지하고자 한다면 그는 증거에 의해서가 아니라 맹목적으로 그리스도에게 대항하기를 선택했기 때문에 그렇게 하는 것이라 하겠습니다.

또 다른 한편으로 전적 불확실성의 입장은 여하 간에 확신할 만한 충분한 증거가 없는 경우라고 할 수 있습니다. 불신자는 아마도 기독인에게 "당신은 너무 독단적이군요.", "우리 중 아무도 이러한 것들에 대해 단적으로 확신할 수는 없다고요."라고 말할지 모르겠습니다. 일견 이러한 이의는 앞서 언급된 반응들만큼 도전적이지는 않은 듯 보일 수 있습니다. 그러나 비기독인이 어디에도 충분한 증거란 없다고 말할 때에는 그 요지에 있어서는 어떤 증거가 기독교를 반박하고 있다고 말하는 불신자와 별반 다르지 않다는 것을 알아야 합니다. 전자는 후자만큼이나 신앙에 대하여 반대하고 있는 것입니다. 이러한 점을 불신자에게 설명할 수 있는 가장 좋은 방법들 중 하나는 불신자의 반대에 답하면서 다음과 같이 말하는 것입니다. "우리는 어떤 것도 확신해서는 안 된다고 확신할 만큼 당신은 모든 증거를 충분히 살펴보지는 못했습니다." 만일 그 불신자가 자신의 이의 역시 확증할 수 있는 것은 아니라고 말한다면 그의 반응은 전혀 이의가 아닌 것입니다. 그것은 단지 개인적인 의구심의 표현일 뿐이며 실상은 거기에 의구심을 살만한 것이 있는 것도 아닙니다. 이러한 견지에서 볼 때 불신자는 어떤 증거가 기독교를 반박하고 있다고 할 수 없으며 거기엔 충분한 증거가 있지 않다고도 말할 수 없습니다. 왜냐하면 그는 두 가지 경우 모두를 확신할 수는 없기 때문입니다. 구원받지 못한 자는 끝없는 딜레마에 갇혀 있습니다. 그는 일관되게 확신할 수도 일관되게 확신하지 않을 수도 없습니다. 그는 스스로의 책략에 빠지고 만 것입니다.

어리석음을 따르는 주장의 세 번째 단계는 왜 불신자가 헛됨에 직면하게 되는지를 분명하게 보여주는 것입니다. 그가 자신의 체계에 의해 갇히게 되는 것은 스스로의 독립성을 신봉하기 때문이며 창조주와 피조물의 구분을 거부하기 때문입니다. 어리석음을 따르는 주장의 결론을 내리려 합니다. 기독인은 불신자의 독립성에 대한 신봉에 이의를 제기해야 합니다. 하나님을 향한 반역은 반드시 그가 회개하고 그리스도를 믿을 필요가 있다는 사실에 직면해야만 합니다. 그러므로 많은 경우에 있어서 성경적 변증은 복음으로 시작할지라도 그 끝은 분명히 회개와 믿음으로 끝맺어야 합니다 (그림 24를 보라).

개요적인 수준에서 다루긴 했지만 이번 과의 내용들은 중요한 것들입니다. 다음 과에서 그 실례들을 살펴볼 것입니다. 이러한 사안들에 있어서 여기서 제시된 구조가 다소 변형되거나 축소될 필요가 있다고 생각된다면 주의를 기울여서 해야만 할 것입니다. 그러함에도 신자들은 최선을 다해 본 과에서 논의된 모든 내용들을 숙지해야 합니다. 여기에 제시된 기본적 구조의 지식들은 기독인 변증가들에게 필수불가결한 것임이 입증될 것입니다.

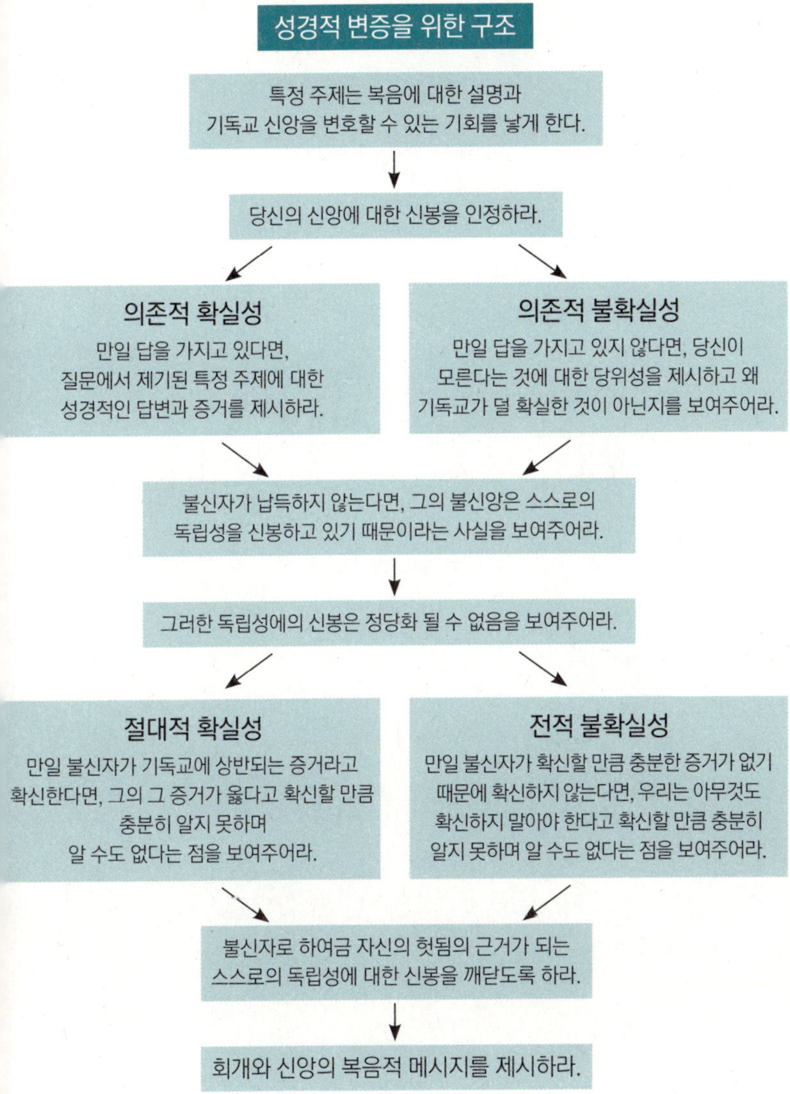

성경적 변증을 위한 구조

특정 주제는 복음에 대한 설명과 기독교 신앙을 변호할 수 있는 기회를 낳게 한다.

↓

당신의 신앙에 대한 신봉을 인정하라.

↓

의존적 확실성
만일 답을 가지고 있다면, 질문에서 제기된 특정 주제에 대한 성경적인 답변과 증거를 제시하라.

의존적 불확실성
만일 답을 가지고 있지 않다면, 당신이 모른다는 것에 대한 당위성을 제시하고 왜 기독교가 덜 확실한 것이 아닌지를 보여주어라.

↓

불신자가 납득하지 않는다면, 그의 불신앙은 스스로의 독립성을 신봉하고 있기 때문이라는 사실을 보여주어라.

↓

그러한 독립성에의 신봉은 정당화 될 수 없음을 보여주어라.

↓

절대적 확실성
만일 불신자가 기독교에 상반되는 증거라고 확신한다면, 그의 그 증거가 옳다고 확신할 만큼 충분히 알지 못하며 알 수도 없다는 점을 보여주어라.

전적 불확실성
만일 불신자가 확신할 만큼 충분한 증거가 없기 때문에 확신하지 않는다면, 우리는 아무것도 확신하지 말아야 한다고 확신할 만큼 충분히 알지 못하며 알 수도 없다는 점을 보여주어라.

↓

불신자로 하여금 자신의 헛됨의 근거가 되는 스스로의 독립성에 대한 신봉을 깨닫도록 하라.

↓

회개와 신앙의 복음적 메시지를 제시하라.

그림24

review the chapter

1. 변증학과 복음전파는 어떻게 비슷합니까? 어떻게 다릅니까?

2. 왜 우리는 변증학을 "보다 넓은 의미의 복음전파"라고 부를 수 있습니까?

3. 우리는 우리의 신앙의 변호를 언제 시작해야 합니까?

4. 잠언 26장 4절과 5절에 묘사되어 있는 두 가지 설명은 무엇입니까?

5. 진리에 의한 주장에 있어서 세 가지 기본 단계는 무엇입니까?

6. 어리석음을 따르는 주장에 있어서 세 가지 기본 단계는 무엇입니까?

7. 성경적 변호는 어떻게 시작하고 끝맺어야 합니까?

모든생각을사로잡아 | chapter 11
신앙의 변호 ①

하나님 아는 것을 대적하여 높아진 것을
다 무너뜨리고
모든 생각을 사로잡아
그리스도에게 복종하게 하니

고린도후서 10:5

chapter 11
신앙의 변호 ❶

> 하나님 아는 것을 대적하여 높아진 것을 다 무너뜨리고 모든 생각을 사로잡아 그리스도에게 복종하게 하니(고후 10:5)

성경적 변증학의 기본구조를 살펴보았으므로 이제는 그것을 좀 더 구체적으로 다룰 필요가 있겠습니다. 본 과와 다음 과, 두 과를 통해서 우리는 불신자들과의 대화 가운데 발생할 만한 몇몇 주제들을 다루어 보고자 합니다. 기억할 것은 우리는 단지 예견되는 반대들과 그 답변들만을 살펴보고자 하는 것입니다. 이들 두 과의 목적은 효과적인 성경적 변증을 위한 유용하고 기본적인 제안들을 제공하는 것입니다. 제공되는 그러한 종류의 답변들은 오로지 변증가의 능력에 따라 조절되기도 할 것인데 그는 신앙을 변증하는 일에 숙달될 때에 자신의 논증을 발전시키는 법을 배우게 될 것입니다.

A. 하나님에 대한 반론들

하나님은 변증학에 있어서 아주 중요한 주제들 가운데 하나입니다. 언제나 변증학의 필요성이 대두되는 이유는 하나님 그분에 관한 질문들 때문입니다.

1. 하나님의 존재

기독인들과 비기독인들 사이의 논쟁에서 하나님의 존재에 대한 것보다 더 기본적인 주제는 아마 없을 것입니다. 그 양상은 다양하게 나타나지만 불신자는 다음과 같은 질문으로 이의를 제기합니다. "왜 내가 기독교의 하나님이 존재한다는 것을 믿어야 하나요?"

a. 진리에 의한 주장

진리에 의한 주장에는 세 가지 단계가 있는데 각 단계 모두가 하나님의 존재에 대한 변호에 있어서 중요합니다.

단계1 ; 기독인은 자신이 기독교의 하나님의 존재를 믿는 근본적인 이유는 그리스도를 믿기 때문이라는 점을 인정해야만 합니다.

단계2 ; 변증가는 계속해서 하나님의 존재에 대한 믿음에 관한 기독교적 증거를 제시해야만 합니다.

〈성경으로부터의 증거〉

① 성경은 하나님의 존재를 기정사실화 하며 긴 설명적 증거 없이도 그 분의 실존을 바탕으로 하여 전개됩니다(창 1:1). 하나님의 존재에 대한 외적 증거들이 없을지라도 그 분은 존재하십니다.

② 하나님의 존재를 믿는 것이 지혜와 이해의 시작입니다(잠 1:8). 그 분은 참된 이해의 근거 그 자체이시며 이성의 산물이 아닙니다.

③ 성경은 어리석은 자만이 하나님의 존재를 부인한다고 가르칩니다(시 14:1). 하나님 존재의 필요성을 보지 않으려면 당신은 장님이 되어야만 합니다. 하나님이 없이는 아무것도 존재하지 않으며 심지어 그분의 존재에 대한 질문조차도 있을 수가 없습니다.

④ 구약과 신약의 예언들이 성취되었고 지금도 성취되고 있다는 사실이 기독교의 하나님이 존재하시며 자신의 뜻에 따라 역사하고 계신다는 것을 보여줍니다.

〈외부 세계로부터의 증거〉

⑤ 하나님은 이 자연계에 뚜렷하게 드러납니다(시 19:1; 롬 1:18). 이 세상의 질서가 하나님의 질서정연한 지혜를 가리키고 있습니다. 세상의 선한 것들은 하나님의 자비를 나타내며 세상의 아름다움은 하나님의 영광을 보여주고 있습니다. 우리 주변의 세계는 하나님의 존재의 신앙에 관한 풍성한 증거들을 제공하고 있습니다.

⑥ 인간의 뛰어난 능력들은 하나님의 존재와 그가 창조자이심을 보여줍니다.

⑦ 기독인 역시도 하나님께서 은혜를 베푸시고 복음의 메시지를 통하여 명백하게 자신의 존재를 알리셨기 때문에 하나님을 아는 것입니다. 하나님의 놀라운 임재를 체험한 많은 그리스도인들이 있습니다. 그들은 확신 가운데 하나님이 존재하신다는 것을 알고 있고 주장합니다.

단계3 ; 신자는 많은 경우에 이러한 주장들이 설득력을 갖지 못한다는 것을 깨달아야 합니다. 그리고 불신자에게 이러한 주장들이 설득력을 얻지 못하는 이유는 불신지기 기본적으로 자신의 독립성을 신봉하고 있기 때문이라는 점을 알려주어야 합니다. 신자는 지난 과에서 언급되었던 과정들을 통해 불신자의 독립성에 대한 신봉을 드러내 보여주어야 할 것입니다.

b. 어리석음을 따르는 주장

어리석음을 따르는 주장은 불신자에게 그가 아무런 확고한 근거도 갖지 않고서 기독교의 하나님의 존재를 부인하고 있다는 사실을 보여주고자 하는 것입니다.

단계1 ; 기독인은 불신자 자신의 반대의 근거가 되는 스스로의 독립성을 신봉하는 것이 정당화 될 수 없다는 점을 보여주어야 합니다. 불신자는 자신의 덫에 갇혀 있습니다.

단계2 ; 비기독인이 취하는 구체적인 입장은 스스로를 반박하는 결과를 낳는다는 것을 보여주어야 합니다.

〈절대적 확실성을 주장하는 입장들〉
"신은 없다."
① 불신자에게 그는 하나님을 찾기 위해 모든 곳을 다 살펴본 것은 아니며 또 그럴 수도 없다는 점을 보여주십시오.
② 하나님의 존재에 대한 확고한 증거가 불신자 자신이 살펴보지 않은 곳에 있을 수 있기 때문에 그는 '신은 없다'라고 확실성을 가지고 말할 수 없다는 것을 알아야 합니다.

"신은 있다. 그러나 기독교의 하나님은 아니다."

① 신자는 비기독인이 믿는다는 하나님이 어떤 종류의 하나님인지 물을 수 있을 것입니다. 그리고 그 비기독인이 하나님의 특성에 대한 모든 가능한 증거들을 다 다루어 본 것은 아니라는 점을 지적할 수 있습니다.

② 불신자는 자신이 하나님의 특성에 관한 질문들과 관련된 모든 증거들을 다 검토해 볼 수는 없다는 점을 알아야 합니다.

③ 그러므로 그는 자신의 관점이 옳다고만은 할 수 없습니다. 왜냐하면 그는 하나님에 대한 자신의 입장을 확신할 수 없기 때문입니다.

〈전적 불확실성을 주장하는 입장들〉
"하나님이 존재하는지 존재하지 않는지 우리는 알 수 없다."

① 신자는 비기독인에게 그러한 입장이 겉으로 보기에는 안전하고 중립적인 것으로 보이지만 실상은 하나님과 그 분의 세계에 대한 버릇없는 소리라는 것을 보여주어야 합니다. 비기독인은 하나님은 모든 사람들이 다 받아들일 수 있는 방법으로 스스로를 알리시지는 않았다고 주장합니다.

② 그리고 나서 신자는 불신자가 하나님에 대한 어떤 명

백한 증거가 있는지 보기 위해 모든 곳을 다 살펴본 것은 아니라는 것을 설명할 수 있을 것입니다. 더욱이 그렇게 할 수도 없다는 점을 지적해야 합니다.

③ 비기독인은 자신의 불가지론에 대한 확신을 가질 수 없습니다.

"하나님의 존재에 관한 것은 개인적인 문제이므로 논해서는 안 된다."

① 기독인은 불신자들이 무엇을 근거로 하나님에 대한 신앙의 문제는 전적으로 개인적인 것이라고 말하는지를 파악할 수 있어야만 합니다.

② 하지만 기독인은 비기독인이 그렇다고 확신하기에는 얼마나 많은 증거들을 아직 보지 못했으며 볼 수도 없는지를 드러내야 합니다. 예를 들어서 달의 반대편에는 하나님이 존재하신다는 확실한 증거가 있을 수도 있습니다. 그리고 그것은 개인적인 문제가 아닌 것입니다.

③ 그러므로 비기독인은 그러한 자신의 입장에 대하여 확신할 수 없으며 그의 반대는 유효하지 않은 것입니다.

단계3 ; 하나님의 존재를 변호하는 일에 대한 이러한 기본적인 접근법은 가장 중요한 주제로 이어집니다. 우리는 그들이 자신의 독립성을 신봉하기 때문에 그러한 절망적인 입장에 처하게 되었다는 점을 보여주었습니다. 불신자는 하나님의 존재에 대한 판단을 내리는 재판장의 자리에 앉을 권한이 없습니다. 그는 그리스도를 믿어 자신의 가망 없는 상태로부터 구원받아야 합니다.

2. 악의 문제

불신자들과의 대화에서 거론되는 또 다른 주제들 가운데 하나는 악에 관한 문제입니다. 하나님이 선하시고 세상을 창조하셨다면 기독교적 신관에는 문제가 있다는 것입니다. 왜냐하면 이 세상에는 악이 존재하기 때문입니다. 이 문제에 관한 성경적 관점을 취할 때에는 주의를 기울여야 하며 이러한 관점을 비기독인에게 잘 제시하여야 합니다.

a. 진리에 의한 주장

단계1 ; 신자는 이 문제를 기독교적 관점으로부터 접근하고자 하는 점을 분명히 해야 합니다.

단계2 ; 이 문제에 대한 성경적 대답에는 여러 접근법들이 있는데 여기서는 그 중 일부만을 인용해 보겠습니다.

〈성경으로부터의 증거〉

① 하나님께서는 이 세상을 선하게 창조하셨으나 인간이 하나님께 대항함으로써 그것을 악에게 내주었습니다(창 1:27; 3:17). 더욱이 자신의 성품에 따라서 하나님께서는 오로지 좋은 것들과 완전한 은사들만을 베푸십니다(약 1:17).

② 더 나아가 당신의 피조세계에 대한 하나님의 뜻은 인간이 심은 대로 거둔다는 것을 말해 주고 있기 때문에 인간은 악으로 인해 더욱 고통당하게 됩니다(창 6:7).

③ 악은 하나님께서 그것을 물리치시고 정복하심으로써 스스로를 영화롭게 하신다는 하나님의 큰 계획 안에 들어 있습니다(시 110:1).

④ 하나님께서는 인간이 자신에게 신실한지를 시험해 보실 때에도 결코 죄를 짓도록 시험하시지는 않습니다(약 1:13).

⑤ 그러나 하나님이 하시는 일이 선한 이유는 그 분의 행동들이 인간의 선에 대한 기준을 초월하는 것들이라서가 아닙니다. 하나님이 선하신 이유는 그 분은 하나님이시기 때문입니다. 자신의 피조세계를 통하여 그가 하시는 모든 일은 선하고 거룩합니다(약 1:13).

〈외부 세계로부터의 증거〉

⑥ 하나님은 인간의 유익을 위하여 계속해서 자신의 우

주를 다스리고 계십니다(창 8:22).

⑦ 하나님은 끊임없이 좋은 은사들을 세상에 주십니다(약 1:17).

⑧ 하나님께서 우리에게 계속하여 삶을 허락하신다는 사실마저도 우리를 향한 그 분의 선하심을 보여주는 것입니다. 왜냐하면 우리는 마땅히 죽어야 하기 때문입니다(롬 3:23).

〈개인적인 체험으로부터의 증거〉

⑨ 그리스도와의 개인적인 만남을 경험한 그리스도 안에 있는 신자들은 이 세상의 악의 존재가 하나님의 선하심을 의심케 하는 이유가 될 수 없다는 것을 잘 압니다. 하나님께서 그의 아들 안에서 그들에게 생명을 주셨기 때문에 신자들은 하나님의 선하심을 알고 있습니다.

b. 어리석음을 따르는 주장

어리석음을 따르는 주장은 악의 문제에 대한 비기독인의 해결책들은 적절하지 못하다는 것을 보여줄 것입니다.

단계1 ; 그들이 신봉하고 있는 것은 확고한 근거가 없다는 것을 보여주십시오.

단계2 ; 불신자가 취하는 구체적인 입장은 결국 스스로를 반박하는 것입니다.

⟨절대적 확실성을 주장하는 입장들⟩
"하나님은 악하다."

① 기독인은 비기독인이 하나님의 마음에 있는 비밀스러운 목적들과 동기들을 속속들이 파악한 것이 아니며 할 수도 없다는 점을 지적함으로써 비기독인의 관점에 이의를 제기해야만 합니다.

② 이와 같은 엄청난 한계들을 갖고 있기 때문에 비기독인은 단순히 이 세상에 악이 있다는 이유만으로 하나님을 악하다고 말할 수는 없을 것입니다.

"세상에 악이 있는 것으로 보아 하나님은 존재하지 않는다."

① 불신자가 하나님과 악의 관계에 대한 모든 설명을 다 들은 것도 아니며 듣기를 바랄 수도 없다는 점을 지적함으로써 그러한 입상이 부적절히다는 것을 보여줄 수 있습니다.

② 불신자는 선하신 하나님의 세상에 악이 존재할 리 없다고 절대적으로 확신할 수는 없습니다.

〈전적 불확실성을 주장하는 입장들〉

"하나님의 속성과 존재는 혼란스럽기만 하고 종교적 고찰은 무의미함을 보여준다."

① 기독인은 이러한 입장은 중립적인 것이 아님을 보여주어야 합니다. 이것은 매우 명백하게 기독교에 반대하는 입장입니다.

② 더욱이 비기독인들이 하나님의 속성과 존재에 대한 모든 증거들을 다 경험한 것이 아니며 할 수도 없습니다. 이러한 사실은 그들이 종교적 질문들에 대하여는 함구할 것을 주장할 수 없다는 점을 보여줍니다.

단계3 ; 불신자는 그의 사상의 헛됨이 자신의 독립성을 신봉하는 데에서 기인하며 그리스도를 신앙하기 위해서는 그러한 신봉을 버릴 필요가 있다는 것을 알아야 합니다.

B. 그리스도에 대한 반론들

그리스도의 인성과 사역과 관련하여 기독인들과 비기독인들 사이에는 많은 상충점들이 있습니다. 우리는 그것과 연관된 주제들 중에서 단지 일부에 대해서만 언급하려고 합니다. 그래서 가장 빈번하게 제기되는 두 가지 내용을 다루어 보겠습니다.

1. 그리스도의 신성

그리스도가 과거에 실제로 살았고 가르쳤다는 것은 믿지만 신성에 대한 그의 주장은 거부하며 그를 단지 인간으로 생각하는 것이 오늘날 매우 일반적인 생각입니다. 기독교적 입장은 예수의 참된 신성과 인성을 고집스럽게 견지하기 때문에 자주 조롱을 받곤 합니다.

a. 진리에 의한 주장

단계1 ; 신자는 자신이 그리스도의 신성을 믿는 이유의 근거가 그리스도와 그 분의 말씀의 충실함에 있다는 것을 인정해야 합니다.

단계2 ; 그리스도의 신성에 대한 기독교적 증거는 다양합니다.

〈성경으로부터의 증거〉
① 신약성경 전반에 걸쳐서 예수는 '하나님'이라고 불립

니다(벧후 1:1; 딛 2:13; 요일 5:20; 요 10:30; 20:28; 1:1). 따라서 그는 다른 모든 피조물과는 구별됩니다.

② 예수님은 "아브라함이 나기 전부터 내가 있느니라"(요 8:58)라고 말씀하실 때에 그 자신이 구약성경에서 말하는 주(the Lord)이심을 주장하였습니다.

③ 구약성경도 "우리와 함께 하시는 하나님"(사 7:14), "강하신 하나님"(사 9:16)으로서 오실 메시아에 대해 말하였습니다.

④ 만일 예수가 하나님이 아니라 단지 피조물이라면 구원은 하나님으로부터만 오는 것이 아니라 피조물로부터 오는 것이 됩니다.

〈외부 세계로부터의 증거〉

⑤ 외적 세계에 대하여 왕권을 가지신 예수 그리스도의 위치와 모든 사건을 오류 없이 주관하고 계신다는 점이 그의 진정한 신성을 입증하고 있습니다.

⑥ 역사의 전 과정 가운데 극적으로 펼쳐져 오고 있는 그의 영향력이 그의 신성을 보여주고 있습니다.

〈개인적인 체험으로부터의 증거〉

⑦ 사람들이 구원을 얻기 위해 그리스도를 믿게 될 때 그

들은 그 분을 피조물로서가 아닌 자신들의 주님이자 하나님으로서 만나게 됩니다(참조. 요 20:28).

단계3 ; 불신자는 스스로의 독립성에 대한 종교적 신봉으로 인하여 이러한 주장들의 진실을 보지 못한다는 점을 지적하십시오.

b. 어리석음을 따르는 주장

어리석음을 따르는 주장은 비기독인은 자기 스스로의 기준 외에 받아들일 만한 다른 대안이 없음을 보여주고자 하는 것입니다.

단계1 ; 비기독인이 그리스도의 신성에 반대하는 주장의 근거가 되는 그의 독립성에의 신봉을 지지할 수 없다는 점을 보이십시오.

단계2 ; 비기독인이 취하는 구체적인 입장은 자신에게 아무런 진리의 소망도 주지 못합니다.

〈절대적 확실성을 주장하는 입장들〉
"예수가 하나님이면서 동시에 인간이기는 불가능하다."

① 신자는 비기독인의 그러한 반론은 지지를 받을 수 없다는 것을 보여주어야만 합니다. 비기독인은 그렇게 확실성을 가지고 단언할 만큼의 우주에 관한 지식을 가지고 있지 못하며 하나님에 대하여는 더욱 그러합니다.

② 예수를 보지도 못했고 볼 수도 없으면서 예수의 신성에 대한 주장을 판가름해 볼 수 있는 자가 누구입니까? 단지 한 인간이 하나님에게 무엇이 가능하고 불가능한지 결정할 수 있습니까?

③ 하나님이 모든 가능한 것들의 창조자라고 한다면 그가 하고자 하시면 단연코 인간이 되실 수 있을 것입니다.

"예수는 단지 훌륭한 한 인간이었을 뿐이다."

① 신자는 이 분야에서의 비기독인의 전문적 지식에 이의를 제기함으로써 그러한 입장의 빈약성을 보여줄 수 있을 것입니다. 비기독인은 분명 역사적 증거를 가지고 자신의 입장을 뒷받침하지 못합니다. 오로지 자신이 대단히 잘못 분석하였음을 뒷받침할 수 있을 뿐입니다.

② 불신자는 자신의 입장을 견지할 만한 충분한 관련 증거들을 수집할 수 없다는 것을 깨달아야 합니다.

"모든 인간이 다 하나님의 아들들이듯이 예수도 하나님

의 한 아들이었던 것이다."

① 불신자는 인간이 일부분은 피조물이고 일부분은 신성을 갖는다고 확신할 만큼 충분히 경험하지 못했고 경험할 수도 없습니다. 오히려 그와는 반대되는 증거들이 차고 넘칩니다.

② 불신자는 특히 모든 인간이 다 하나님의 아들인 것처럼 예수도 단지 하나님의 한 아들이었다는 생각을 입증하지 못합니다. 예수는 결코 그렇게 주장하지 않았습니다. 그는 성경에 의해서 분명하게 독생자로서 구별됩니다. 거기에는 이러한 불신앙의 관점에 대한 근거가 전혀 없습니다.

〈전적 불확실성을 주장하는 입장들〉
"우리는 심지어 예수가 하나님의 아들이라고 실제로 주장했는지 알 수 없으며 정말로 하나님의 아들이었는지는 더욱 알 수 없다."

① 이러한 관점은 성경과 역사적 증거들의 신뢰성에 대해 무모하게 단언하고 있는 것입니다.

② 불신자는 자신의 입장을 지지할 만한 충분한 관련 증거를 보일 수 없다는 것을 인지해야 합니다.

단계3 ; 비기독인은 그렇게 무의미한 입장을 취하게 된 것은 스스로의 독립성을 신봉하기 때문임을 직시하여야 합니다. 그리스도를 믿기 위해서는 독립성에 전념하는 것을 저버려야 합니다.

2. 그리스도의 부활

복음의 초창기에 많은 경우에 있어서 그리스도가 죽은 자 가운데서 살아났다는 가르침이 논쟁의 핵심이었습니다. 부활은 기독교 신앙에서 지극히 중요한 위치를 차지하고 있습니다. 부활이 없이는 그 누구도 죽음에서 생명으로 옮겨질 수 없기 때문입니다. 결론적으로 우리는 부활신앙에 대한 변호를 준비해야만 합니다.

a. 진리에 의한 주장
단계1 ; 기독인은 그리스도의 부활에 대한 그의 신앙이 그의 신앙생활에서 근본적인 부분임을 고백해야 합니다.

단계2 ; 그리스도가 부활하셨다는 근거들이 많습니다.

〈성경으로부터의 증거〉
① 모든 복음서들은 부활을 왕이자 구세주이신 그리스도

의 자신의 선언으로 기록하고 있습니다.

② 바울은 부활하신 그리스도의 목격자들의 증언을 기록하고 있으며 그리스도의 부활을 기독교 신앙에 있어서 기둥과도 같은 것으로 여기고 있습니다(고전 15:1-24).

③ 예수는 부활을 예언하셨습니다(마 16:21).

④ 신구약성경이 부활을 예언하고 있습니다(행 2:25-36; 사 53:10-12; 시 16:10).

〈외부 세계로부터의 증거〉

⑤ 패배감에서 열정으로의 사도들의 변화는 오로지 부활로써만 설명이 가능합니다.

⑥ 목격자들의 증언은 역사적 자료로서 부활에 관한 위대한 증거가 됩니다.

〈개인적인 체험으로부터의 증거〉

⑦ 세상에는 많은 사람들이 예수가 부활하셨다는 것을 알고 있는데 그 분께서 지금도 그들 가운데서 살아 계시다는 것을 알기 때문입니다.

단계3 ; 기독인은 불신자가 이러한 주장들을 확신하지 못하는 이유는 자신의 독립성을 신봉하고 있기 때문이라는 점을 증언하여야 합니다.

b. 어리석음을 따르는 주장

단계1 ; 불신자는 스스로의 독립성을 신봉하는 것이 당위성을 갖지 못한다는 사실을 직시해야 합니다. 거기에는 확고한 근거가 없습니다.

단계2 ; 비기독인들이 가지는 구체적인 반론들은 헛된 것들일 뿐 아니라 자멸적인 것들입니다.

〈절대적 확실성을 주장하는 입장들〉
"예수는 십자가상에서 죽었던 것이 아니다. 그는 결코 부활하지 않았다."
① 불신자는 이러한 자신의 입장을 뒷받침할 수 있는 증거를 제시할 수 없습니다.
② 성경적 기록은 예수가 죽었다는 것을 거듭하여 명백히 말하고 있습니다(마 15:44-45).
③ 불신자는 받아들여질 만한 이이를 가질 수가 없습니다.

"예수 부활은 사도들이 만들어낸 신화다."
① 불신자는 자신의 견해를 결정적인 단서를 가지고 뒷

받침할 수 없습니다.

② 불신자의 관점은 단순히 이론적인 것입니다.

"죽은 자가 다시 살아나는 것은 불가능하다."

① 신자는 이 세상에서 과학적으로 충분히 설명될 수 없는 일들이 많다는 점을 지적할 수 있을 것입니다.

② 비기독인이 반론을 제기할 때에 기반으로 삼고 있는 과학적인 방법은 진리에 대한 기준이 될 수 없습니다.

③ 하나님이 존재하시면 그 분이 누군가를 죽은 자 가운데서 살려내시는 게 왜 불가능합니까?

④ 불신자는 예수가 죽은 자 가운데서 살아나는 것이 불가능하다고 생각할 수 있을 만한 충분한 증거들을 경험해 보지 못했습니다.

〈전적 불확실성을 주장하는 입장들〉

"부활이 없다고 단언할 수는 없지만 충분히 의심할 만하다."

① 부활에 대해 의구심을 품었다면 그것은 그리스도를 거절하는 것이므로 이러한 입장은 단적으로 기독교에 반대하는 것이라는 점을 비기독인에게 보여주어야 합니다.

② 비기독인은 증거들이 그리스도의 부활을 반박하고 있

다고 확신할 만큼 충분한 증거들을 다 경험할 수는 없습니다.
③ 심지어 부활을 의심할 만한 아무런 이유가 없습니다.

단계3 ; 불신자는 스스로를 기만하지 않고서는 그리스도의 부활의 확실성을 반대할 수 없습니다. 왜냐하면 그는 구원을 필요로 하는 인간이기 때문입니다.

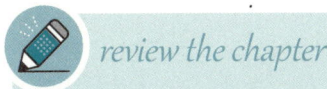

review the chapter

1. 진리에 의한 주장에서 세 가지 기본 단계는 무엇입니까? 어리석음을 따르는 주장에서의 세 가지 단계는 무엇입니까?

2. 다음의 내용들을 진리에 의해 주장해 보시오.
   ⓐ 하나님의 존재
   ⓑ 하나님의 선하심
   ⓒ 그리스도의 신성
   ⓓ 그리스도의 부활

3. 다음의 반론들을 어리석음을 따르는 주장을 사용하여 답해 보시오.
   ⓐ "우리는 하나님이 존재한다는 것을 확신할 수 없어요."
   ⓑ "하나님은 없습니다."
   ⓒ "하나님이 존재한다고 보기에는 이 세상에는 너무나 많은 악이 있네요."
   ⓓ "예수가 하나님이면서 동시에 사람인 것은 불가능합니다."
   ⓔ "죽은 자는 다시 살아날 수 없어요."

모든생각을사로잡아 | chapter 12
신앙의 변호 ②

여호와를 경외하는 것이
지식의 근본이거늘
미련한 자는 지혜와 훈계를 멸시하느니라

잠언 1:7

chapter 12
신앙의 변호 2

　기독교적 입장에 대해 제기되는 반론들은 다양하고 광범위합니다. 이번 과에서는 불신자들에 의해 제기되는 몇몇 기본적인 반론들에 대한 대답들을 다루어보기로 합시다.

A. 성경에 대한 반론들

　불신자들과의 복음적이고 변증적인 대화에서 성경의 권위에 대한 주제가 중심이 되는 경우가 많습니다. 그리스도인이 진리에 의한 주장을 펼친다면 인생의 질문들에 관한 답을 어김없이 성경으로부터 찾고자 한다는 것은 자명한 사실입니다. 신자는 성경의 신뢰성에 의문을 갖지 않습니다. 대신에 그는 성경을 바로 그 하나님의 말씀으로 여깁니다.

1. 성경의 권위

어떤 경우에 불신자들이 성경의 권위에 대한 기독교적 관점에 형식적이고 표면적인 동의를 한다고 할지라도 신앙의 변호자는 종종 다음과 같은 질문을 받게 됩니다. "당신은 왜 성경을 하나님의 말씀으로 받아들이며 저는 그것을 왜 받아들여야 하나요?" 기독인은 이러한 질문에 답할 준비가 되어 있어야 합니다.

a. 진리에 의한 주장

단계1 ; 신자는 성경을 하나님의 말씀으로 믿는 것은 그리스도를 신봉하기 때문이라는 점을 인정해야 합니다.

단계2 ; 성경을 하나님의 말씀으로 믿는 것에 대한 기독교적인 증거가 주어져야 합니다.

① 모든 성경은 하나님에 의해 영감 되었으므로 그것이 말하는 모든 것에 있어서 권위를 갖습니다(딤후 3:14-17).

② 기록된 하나님의 말씀에 대한 신앙의 필요성은 명백합니다(고전 14:37; 요 5:47; 눅 16:31; 요일 4:6).

③ 하나님께서는 모든 세대의 자신의 백성들을 위하여 말씀을 보존하시겠다고 약속하셨습니다(마 5:17; 요 10:31;

사 59:21; 시 111:7, 8).

④ 신약성경의 저자들은 언제나 오류 없고 권위 있는 지침으로서 구약성경을 의존하였습니다.

⑤ 신약성경은 구약성경과 같은 권위를 신약성경 자체에도 부여합니다(딤전 5:18; 벧후 3:16).

⑥ 기독인들로서 우리는 성경을 그보다 더 높은 다른 어떤 기준에 의해서도 판단 받을 수 없는 하나님의 말씀으로 받아들입니다. 하나님의 말씀은 스스로 자증하고 있습니다. 성경은 자증하시는(self-verifying) 성부, 성자 그리고 성령 외에 다른 어떤 것에 의해서 증명되는 것이 아닙니다.

⑦ 기독교적 관점에서 볼 때 성경의 일부 가르침들이 난해하게 느껴지는 것은 세계나 성경 혹은 둘 다에 대한 우리의 이해력 부족에 기인한 것입니다. 성경 그 자체에는 문제가 있을 수 없습니다.

⑧ 신실한 마음으로 성경을 이해하고자 할 때에 하나님의 성령이 우리를 가르치신다고 우리는 확신할 수 있습니다. 우리가 성경의 일부분을 명확히 이해하기 힘들지라도 다른 많은 부분은 하나님의 성령에 의해 명확히 알 수 있습니다.

〈외부 세계로부터의 증거〉

⑨ 수백, 아니 수천 년에 걸쳐서 성경은 서구사회를 형성하는 역할을 해왔습니다.

⑩ 구약과 신약 본문들은 역사 가운데 정확하게 보존되어 왔습니다.

⑪ 성경이 말하고 있는 것과 이 세상의 현실 사이에는 입증된 어떠한 모순도 없습니다. 실상 성경은 과학적 연구에 의해 거듭 확인되고 있습니다.

〈개인적인 체험으로부터의 증거〉

⑫ 성경의 주장들이 사실이라고 성령께서 신자들의 마음에 증거하심으로 인하여 기독인들은 성경을 하나님의 말씀으로 받아들입니다.

⑬ 복음의 메시지를 통하여 그리스도를 신뢰할 때에 우리는 성경에서 말씀하시는 하나님의 음성을 듣고 순종하게 됩니다. 우리의 신앙이 성장함에 따라 성령께서 증거하시는 바는 점점 더 확고해집니다.

⑭ 물론 우리는 성부께서 부내신 그리스도를 받아들임으로 성령께서 증거하시는 바를 알게 되고 성경의 증거에 따라서 성부, 그리스도 그리고 성령을 알게 됩니다. 그들은 스스로를 증거하고 있으며 또 서로를 증거하고 있습니다.

b. 어리석음을 따르는 주장

단계1 ; 불신자는 자신이 성경의 권위를 거부하는 것이 정당화 될 수 없는 자기 스스로의 권위에 입각하고 있다는 점을 직시하여야 합니다.

단계2 ; 비기독인들이 성경의 권위를 반대하는 구체적인 방법들은 또한 자멸적(self-defeating)인 것임을 보게 될 것입니다.

〈절대적 확실성을 주장하는 입장들〉
"성경은 스스로 모순된다."
① 불신자는 자신이 모순된다고 생각하고 있는 본문들을 단순히 잘못 이해한 것이 아니라고 할 수 있을 만큼 성경과 다른 자료들을 연구하지 못했습니다. 비기독인들이 모순이라고 보는 성경 본문들은 조금만 고찰하여 보면 매우 조화를 이루고 있음이 드러나는 경우가 많습니다.
② 소위 자신이 모순이라고 부르는 부분에 대한 모든 가능한 해석들을 다 검토하여 보았다고 할 수 있을 만큼 그가 성경과 다른 자료들을 연구할 수는 없습니다.
③ 그가 성경에는 모순이 있다고 말할 수 있을 만큼의 완벽한 확실성을 갖기 전에는 그는 자신의 주장을 근거로 성

경의 권위를 부인할 수 없는 것입니다.

"성경은 역사와 모순된다."

① 성경과 실제 역사 사이의 불일치를 지적하던 초기 연구들 가운데 오늘날의 역사적 연구를 통하여 그 주장이 실수였음이 드러난 경우는 허다합니다.

② 어떤 역사가라도 고고학적 발견들에 대한 자신의 이해가 전적으로 옳다고 말하는 것은 불가능합니다. 그가 자신이 발견한 것에 대한 모든 가능한 해석들을 다 섭렵한 것은 아닙니다.

③ 이러한 사안들에 있어서 확실성을 갖기란 불가능하므로 불신자가 확실성을 가지고 성경을 거부하는 것은 불가능합니다.

"사람에 의해서 쓰였으므로 성경은 하나님의 말씀이 아니다."

① 불신자는 성경이 인간에 의해 쓰였다는 사실이 성경에는 오류가 있음을 의미한다고 확신할 수 없습니다. 그는 기독교의 주장처럼 신적 영감에 의한 보호의 확실성을 배제할 수 없습니다.

② 비기독인은 성경이 사람에 의해 쓰였으므로 성경의

권위를 부인할 수 있다는 것을 입증할 방법이 없습니다.

"성경은 심각할 정도로 신화적이고 비과학적이다."

① 비기독인은 기적들은 불가능하다고 단언할 만큼 충분히 기적의 실재에 대한 조사를 하지 못했고 할 수도 없습니다. 기록된 대로 그것들은 실제로 일어났다는 것을 우리는 알고 있습니다.

② 기적의 실재를 부인하기 위해선 모든 기적의 주장들에 대한 완벽한 분석과 우주에서 일어난 다른 모든 사건들에 대한 완벽한 설명이 요구되는데 그 두 가지 모두는 불가능한 것이므로 확실성을 가지고 성경을 거부하기는 불가능합니다.

〈전적 불확실성을 주장하는 입장들〉
"성경은 너무나 모호하다."

① 비기독인은 그가 실제로 성경해석의 문제들을 충분히 철저하게 다 다룬 것이 아니라는 사실을 직시해야만 합니다. 어느 문학작품이든지 여러 가지 방식으로 해석될 수 있습니다. 그렇다고 해서 그 해석들이 문학작품은 분명한 한 메시지를 담고 있다는 사실을 바꾸어 놓지는 못합니다. 예를 들어서 동요 속의 메리(Mary)의 양은 실제로 작지 않았고

아마도 메리(Mary)가 엄청나게 컸던 것이라고 말할 수도 있을 것입니다(역자주 - 'Mary had a little lamb'라는 널리 애창되는 미국 동요를 예로 들고 있음). 그 시에 대한 여러 다양한 해석이 허용됩니다. 그러나 위와 같은 해석은 그 시의 참의미와는 명백히 상반되는 것입니다. 많은 성경해석의 경우들도 이와 같다 하겠습니다.

② 비기독인은 제시된 모든 해석들을 다 연구해 보기 전에는 성경을 이해하는 것은 불가능하다고 확신할 수 없는 것입니다. 신자가 주장하는 바와 같이 성경의 진리들을 성령께서 친히 말씀해 주고 계신다고 할 수 있겠습니다. 그리고 비기독인은 이러한 주장이 틀렸음을 입증하지 못합니다.

"세기를 거치는 동안 성경 원본은 사라졌다."

① 비기독인은 오늘날 현존하는 모든 사본 증거들을 다 연구한 것은 아닙니다. 그는 본문비평과학을 불신할 수 없습니다. 따라서 그는 원본이 없다는 이유로 성경의 권위를 거절할 수는 없는 것입니다. 오히려 그에 반하는 많은 증거들이 있습니다.

② 불신자는 성경 보존에 대한 하나님의 약속을 반증할 만한 확실성을 가질 수 없습니다.

2. 다른 종교 경전들

종종 비기독인들은 코란이나 몰몬경 같은 책들도 하나님의 말씀이라고 주장된다는 점을 지적하면서 성경이 하나님의 말씀이라는 생각을 반박합니다. 이러한 다른 모든 책들도 종교적인 권위를 갖는다고 주장하고 있기 때문에 성경만이 하나님의 말씀이라고 주장하는 기독인들은 자주 독단적이고 편협하다는 비난을 받습니다. 어떤 식으로든 불신자는 이렇게 물을 것입니다. "당신은 왜 신적으로 영감 되었다고 주장되는 다른 종교의 경전들을 인정하지 않는 거죠?"

a. 진리에 의한 주장

단계1 ; 기독인은 이러한 질문들에 대한 자신의 답변마저도 반드시 그리스도에 대한 신앙에 기초하고 있다는 사실을 인정해야 합니다.

단계2 ; 성경의 독창성에 관한 기독교적 관점에 대하여 여러 방면의 논의들이 있습니다.

〈성경으로부터의 증거〉
① 성경은 자신이 하나님의 선지자라고 자칭하는 거

짓 선지자들에 대하여 경고하고 있습니다(마 24:24). 성경은 그와 같은 경전들에 대해서도 경고하고 있습니다(살후 3:17). 기독인은 성경의 음성에 의해서 이러한 다른 음성들을 분별하는 일에 전념해야 합니다.

② 기독교는 유대주의와 나사렛 예수에 그 근원을 두고 있는 종교입니다. 유대인의 한 사람으로서 예수는 구약성경을 하나님의 말씀으로 받아들였습니다. 새로운 시대의 메시아로서 그 분은 사도들에게 신약성경의 생성을 감독 감시하도록 임무를 맡기셨습니다. 예수가 유일하신 하나님이신 것처럼 성경은 유일한 하나님의 말씀입니다.

〈개인적인 체험으로부터의 증거〉

③ 기독인은 독립적으로 신, 구약 성경을 선택한 것이 아닙니다. 그는 하나님께서 주시는 확신으로 성경을 믿게 되는 것입니다. 그리고 불신자라도 그리스도를 믿기만 한다면 그와 같은 확신을 갖게 될 것입니다.

단계3 ; 불신자는 이러한 진리에 의한 주장들이 그에게 설득력을 갖지 못하는 것은 하나님으로부터 독립하여 자신의 독립성을 신봉하기 때문이라는 점을 알아야 합니다.

b. 어리석음을 따르는 주장

단계1 ; 신자는 불신자의 반론이 근거 없는 신념에 기초하고 있으며 따라서 의미를 가질 수 없다는 것을 보여주어야 합니다.

단계2 ; 이 주제와 관련한 불신자의 특정 입장에 이의를 제기하는 것은 종종 성과를 가져옵니다.

〈절대적 확실성을 주장하는 입장들〉
"경전들은 어떠한 권위도 갖지 못한다."
① 비기독인에게 그가 이러한 본질과 관련한 질문들에 대한 모든 요소들을 다 검토해본 것은 아니라는 점을 보여주십시오. 그는 이 세상 모든 종교의 전문가가 아닙니다. 그는 성경에 대해 알아야 할 모든 것을 다 알 수 없으며 권위 있다고 여겨지는 다른 모든 책들에 대해서는 더욱 그러합니다.
② 비기독인은 매우 유한하기 때문에 성경의 독창성을 간단히 부인할 수는 없는 것입니다.

"누구나 자신의 경전만이 권위를 갖는다."
① 비기독인은 아마도 자체의 경전을 가지고 있는 이방종교들 가운데 한 종교의 멤버일 수 있습니다. 어느 경우에

든지 그 비기독인은 이 세상의 모든 종교를 다 연구해 보지 못했으며 또 할 수도 없습니다.

② 이러한 이유로 참되신 하나님을 떠나 스스로의 독립성에 자신의 신앙을 두고 있는 불신자는 그의 경전의 권위에 대한 확신을 가질 수 없습니다.

〈전적 불확실성을 주장하는 입장들〉
"나는 어느 한 가지 경전이 다른 것들보다 우월하다고 생각하지 않는다."

① 그와 같은 불신자들은 대개 중립적이려고 노력하며 종교를 가진 자들에게 관대합니다. 하지만 기독인은 그들의 관점이 확고한 근거를 가지고 있지 않음을 보여주어야만 합니다. 그들은 하나의 경전이 다른 것보다 더 나은 것은 아니라는 것을 보여줄 수 있을 만큼 모든 것을 다 경험해 보지는 못했습니다.

② 이처럼 비기독인은 자신의 관점을 뒷받침할 수 있는 방법이 없으므로 성경적 계시의 독창성을 거절할 수 없습니다.

단계3 ; 기독인은 불신자가 스스로의 독립성을 신봉하기 때문에 그의 입장들은 헛되다는 것을 불신자에게 입증해야 합니다. 하나님의 심판을 피할 수 있는 유일한 길은 회개하고 그리스도를 믿는 것입니다.

우리가 성경에 대항하는 불신앙으로부터 제기될 수 있는 모든 것들을 다 다룬 것은 아닙니다. 그러함에도 가장 중요한 주제들은 다루었다고 볼 수 있으며 변증가는 그러한 주제들에 관한 기독교적 입장을 변호할 수 있어야 합니다.

B. 인간에 대한 반론들

인간에 대한 기독교적 관점에 관한 질문들은 불신자들이 기독교적 입장에 대하여 제기하는 전형적인 반론들 중 하나로 분류될 수 있을 것입니다. 가장 기본적인 질문들 가운데 세 가지를 다루어 보고자 합니다.

1. 인간의 죄성

죄와 심판에 관한 기독교 교리는 자주 불신자들의 반론을 유발합니다. 하여간에 불신자는 다음과 같이 말할 것입니다. "왜 내가 인간의 죄성을 믿어야 하는가?"

a. 진리에 의한 주장

단계1 ; 신자는 자신이 가지고 있는 인간의 죄성에 대한 관점이 구세주 되시는 그리스도를 향한 믿음에 기초하고 있다는 점을 고백해야 합니다.

단계2 ; 그러한 입장에 대한 기독교적 증거는 명백합니다.

〈성경으로부터의 증거〉

① 성경은 아담 안에서 모두가 죄를 범하였다고 가르칩니다(롬 5:12f).

② 또한 모든 사람은 하나님의 법을 어김으로써 개인적으로도 죄를 범하였습니다(롬 3:23).

③ 기독교 복음을 한 번도 들어보지 못한 사람들조차도 죄를 범하였으며 따라서 하나님의 진노 아래 있는 것입니다(롬 1:18f).

〈외부 세계로부터의 증거〉

④ 우리가 인류의 역사를 볼 때에 죄의 영향 아래 있음을 발견하는 것은 어렵지 않습니다. 역사는 전쟁, 살인, 폭력과 증오로 점철되어 있습니다. 사람이 악할 수 있을 만큼 최대로 악해 빠진 것은 아니며 다른 사람보다 비교적 더 나은 사람일 수는 있지만 모든 사람이 다 하나님께 대항하여 반역

한 것만은 사실입니다.

〈개인적인 체험으로부터의 증거〉
⑤ 모든 기독인은 자신의 회심 체험을 통해 인간은 분명 죄인이라는 사실을 압니다.

단계3 ; 불신자는 이러한 증거들이 그에게 그다지 의미를 갖지 못하는 것은 자신의 독립성을 신봉하고 있기 때문이라는 점을 직시하여야 합니다.

b. 어리석음을 따르는 주장
단계1 ; 독립성을 신봉하는 것은 근거가 없는 일임을 보여주어야 합니다.

단계2 ; 비기독인들이 제기하는 구체적인 반론들은 진리를 거부하고자 하는 헛된 시도들일 뿐입니다.

"나는 모든 사람이 그 마음에 있어서는 다 선하다고 생각한다."
① 불신자에게 그가 인간의 속성에 대한 모든 증거들을 다 다룬 것은 아니라는 점을 보여주어야 합니다. 인간의 악

함을 보여주는 수많은 증거들이 있습니다.

② 불신자가 인간은 기본적으로 선하다고 확언할 수 있을 만큼 충분히 인간의 마음을 다 알 수는 없습니다.

③ 불신자는 자신의 관점에 대해 확언할 수 없으므로 그것을 바탕으로 하여 기독교적 관점을 거부할 수는 없습니다.

"어떤 사람은 선하기도 하고 또 어떤 사람은 악하기도 하다."

① 기독인은 비기독인이 자기 스스로 선한 사람과 악한 사람을 구분해 낼 수 있을 만큼 충분히 이 우주를 알 수 없기 때문에 그의 이러한 관점은 지지를 받을 수 없음을 보여주어야 합니다.

② 그와 같은 주장을 하기 위해서는 불신자는 어떠한 절대적 확실성을 가져야 하는데 그는 하나님께 복종하기를 거부하기 때문에 그와 같은 확실성을 가질 수 없습니다.

〈전적 불확실성을 주장하는 입장들〉

"누구나가 다 악하다고 말하는 것은 매우 거만한 태도이다."

① 기독인은 불신자의 이 관점이 중립적인 것이 아니며 특정 신앙에 치우치지 않은 것도 아니라는 점을 보여주어야 합

니다. 불신자는 매우 명백하고 확고하게 단언하고 있습니다.

② 불신자는 우리 모두는 인간의 속성을 판단해서는 안 된다고 확실성을 가지고 말할 수 없습니다. 그는 자신의 이러한 관점을 뒷받침할 만한 충분한 증거를 수집할 수 없기 때문입니다.

단계3 ; 비기독인은 그리스도에 대한 신앙을 갖기 위해서 자신을 신봉하는 것을 버려야 할 것입니다.

2. 인간의 책임

비기독인이 자주 제기하는 주제들 가운데 다른 하나는 하나님의 주권과 인간의 책임에 대한 것입니다. 불신자는 이렇게 말할 것입니다. "모든 것이 하나님의 통치 아래 있다고 한다면 이 세상의 악은 하나님의 잘못이지 인간의 잘못이 아니다."

a. 진리에 의한 주장
단계1 ; 기독인의 입장은 그리스도에 대한 신앙에 뿌리를 두고 있습니다.

단계2 ; 많은 잘못된 이해들에도 불구하고 이 주제에 대한 성경적 대답은 간단하며 명확합니다.

〈성경으로부터의 증거〉

① 하나님은 자신의 목적과 영광을 위해서 일하시는 가운데 모든 것을 다스리십니다(롬 11:36; 엡 1:11).

② 모든 것의 창조주로서 하나님은 인간의 의로운 재판장이십니다.

③ 동시에 인간은 하나님의 법을 어김으로써 죄를 지었으며 하나님은 모든 범법자들에게 심판을 선언하십니다(롬 2:12).

④ 이러한 모든 일들에 있어서 하나님의 공의와 지혜는 당신의 피조물들에 의해 이의를 제기 받지 않습니다(롬 9:19-21).

⑤ 모든 것들에 대한 하나님의 통치는 인간의 책임과 상반되는 것이 아닙니다. 하나님의 통치는 바로 인간의 책임의 토대입니다. 만일 하나님이 통치하시지 않는다면 그는 인간에게 책임을 묻지 못할 것입니다. 하나님은 주권적이시기 때문에 인간은 하나님께 대한 책임이 있습니다. 하나님은 모든 것을 통치하시기 때문에 인간은 하나님께 순종해야 합니다. 하나님께서 인간에게 주권적으로 의미를 부여하셨

기 때문에 인간은 의미를 갖게 된 것입니다. 우리가 어떠한 책임을 가지고 있든지 간에 그것은 하나님의 주권에 기반하고 있는 것이지 하나님의 주권에도 불구하고 우리에게 책임이 있는 것은 아닙니다. 하나님의 주권이 없이는 인간의 책임도 없습니다(참조. 빌 2:12, 13).

〈외부 세계로부터의 증거〉
⑥ 역사는 그리스도 안에서의 그 완성을 향하여 모든 것을 다스리시고 역사하시는 하나님의 주권을 명백하게 보여주고 있습니다. 하지만 역사의 크고 작은 인물들 가운데 인간의 역할 또한 분명합니다.

〈개인적인 체험으로부터의 증거〉
⑦ 신자는 현실적인 책임이 주권에 기초하고 있음을 알고 있습니다. 자신의 하나님과의 관계란 하나님의 주 되심에 복종하는 것이며 그 분의 뜻에 순응하는 것입니다. 주권과 책임이라는 개념이 없이는 이와 같은 관점은 불가능할 것입니다.

단계3 ; 비기독인이 이러한 견해를 받아들이지 않는 것은 자신의 독립성에 전념하기 때문이라는 사실을 확립하십시오.

b. 어리석음을 따르는 주장

단계1 ; 불신자 자신의 독립성에의 전념은 지지될 수 없습니다.

단계2 ; 비기독인이 취하는 입장은 자신들 스스로의 근거에 의해 반박됩니다.

〈절대적 확실성을 주장하는 입장들〉

"하나님이 우리에게 죄의 책임을 묻는다면 하나님은 부당하다."

① 기독인은 불신자가 하나님의 공의와 공정성에 관한 모든 설명들을 다 살펴본 것은 아니라는 점을 보여주어야 합니다. 실제로 그가 확인하지 못한 설명들이 있기 때문입니다. 그러므로 그는 자신의 관점에 대하여 확신할 수 없습니다.

② 불신자는 하나님의 공의와 공정성을 판단할 수 있는 자리에 설 수 없습니다. 그는 이 세상의 일들에 대하여 확신할 수 없으며 하나님의 일들에 대하여는 더욱 그러합니다.

"사랑의 하나님이 인간에게 죄책을 물을 리가 없다."

비기독인은 하나님의 사랑과 하나님이 인간에게 죄책을

묻는 것이 서로 모순된다고 말할 수 없습니다.

단계3 ; 불신자는 자신의 독립성에 전념하는 자세를 버려야만 합니다.

어떤 경우에든지 비기독인은 하나님의 주권과 인간의 책임에 관한 기독교적 관점에 대해 유효한 반론을 제기할 만한 근거를 갖지 못합니다.

이번 과에서 우리는 성경과 인간에 관한 기독교적 관점을 포함하여 그러한 맥락에서의 논의들을 살펴보았습니다. 물론 이것들은 일부 가능한 지침들의 몇 가지 표본들만을 제시한 것입니다. 하지만 여기에 주어진 기독교적 답변들의 기본 구조를 잘 파악하고 있다면 제기되는 대부분의 반론들을 처리하는 데에 큰 어려움을 느끼지는 않을 것입니다.

review the chapter

1. 진리에 의한 주장에서 세 가지 기본 단계는 무엇입니까? 어리석음을 따르는 주장에서는 무엇입니까?

2. 다음의 내용들을 진리에 의해 주장해 보시오.
   ⓐ 하나님의 말씀으로서의 성경
   ⓑ 다른 경전들과 구분되는 성경의 독창성
   ⓒ 인간의 죄성
   ⓓ 하나님의 주권과 인간의 책임

3. 다음의 반론들을 어리석음을 따르는 주장을 사용하여 답해 보시오.
   ⓐ "성경은 스스로 모순된다."
   ⓑ "성경은 역사와 모순된다."
   ⓒ "성경은 인간에 의해 쓰여졌기 때문에 하나님의 말씀이 아니다."
   ⓓ "성경이 하나님의 말씀이기에는 너무나 신화적이다."
   ⓔ "성경이 하나님의 말씀이기에는 너무나 모호하다."
   ⓕ "성경은 번역과 전승의 과정에서 분실되었다."
   ⓖ "너무나 많은 경전들이 있기 때문에 성경만이 유일한 것은 아니다."
   ⓗ "어떤 경전도 하나님의 권위를 갖지는 못한다."

ⓘ "어느 누구에게나 자신의 경전만이 권위를 갖는 것이다."
ⓙ "우리는 한 경전이 다른 것보다 더 낫다고 말해서는 안 된다."
ⓚ "나는 모든 사람이 그 마음에 있어서는 선하다고 생각한다."
ⓛ "어떤 사람은 선하고 또 어떤 사람은 악하다."
ⓜ "누군가가 악하다고 생각하는 것은 우리로서는 너무나 거만한 생각이다."
ⓝ "만일 하나님이 우리에게 죄의 책임을 물어온다면 하나님은 공평하지 못하다."
ⓞ "사랑의 하나님은 인간에게 죄책을 묻지 않으실 것이다."

모든생각을사로잡아 | chapter 13

신앙의 변호 ③

이는 만물이 주에게서 나오고
주로 말미암고
주에게로 돌아감이라

로마서 11:36

chapter 13
신앙의 변호 ③

지난 과에서 우리는 불신자들에 의해 제기되는 일반적인 반론들에 대한 기독교적 입장을 어떻게 변호할 것인가를 살펴보았습니다. 세계와 신앙의 필요성에 대한 것들 역시 불신자들에 의해 자주 제기되는 주제들입니다. 이 주제들을 각각 좀 더 자세히 살펴보기로 합시다.

A. 세계에 대한 반론들

대부분의 사람들에게 세계의 기원과 운명에 대한 사안들은 주된 관심사입니다. 기독교는 철두철미하게 변호되어야만 하는 분명한 관점을 가지고 있습니다. 이와 같은 주제들에 있어서 불신자들은 자신들 스스로의 기준에 의해서마저도 아는 바가 거의 없습니다. 그러함에도 그들은 기독교적 관점을 받아들일 준비가 되어 있지 않습니다.

1. 세계의 기원

성경적 창조교리는 기독교 신앙에 있어서 매우 중요합니다. 그러나 찰스 다윈(Charles Darwin)의 시대 이후로 다양한 형태의 진화론들이 과학적 사상의 주된 이론들로 자리 잡아 왔습니다. 그 결과 창조와 진화에 관한 질문들이 오늘날 기독인과 비기독인 간의 갈등의 핵심이 되기도 합니다. 하여간에 불신자는 다음과 같이 말하며 반론을 제기할 것입니다 "진화론이 사실로 드러난 마당에 왜 내가 그리스도를 믿어야 하나요?"

a. 진리에 의한 주장

단계1 ; 기독인은 창조에 대한 질문들에 관한 자신의 입장이 그리스도에 대한 믿음에 뿌리박고 있음을 인정해야 합니다.

단계2 ; 창조에 대한 기독교적 입장은 오늘날 유행하는 많은 진화론들과는 근본적으로 상반되는 것들입니다. 관련된 모든 주제들을 우리가 다 섭렵할 수는 없지만 거기에는 모든 기독인들이 주저함이나 타협 없이 견지해야만 하는 분명한 개념이 있습니다. 이러한 주제들에 대하여 우리는 기독교적 증거를 제시해야만 합니다.

〈성경으로부터의 증거〉

① 하나님이 세상을 창조하셨습니다. 이 우주는 우연에 의해서 생겨난 것이 아닙니다(창 1:1).

② 이 세계의 질서는 하나님에 의해 설립되고 유지되고 있습니다(창 1:2f). 발생된 어떠한 과정도 우연히 된 것은 없습니다. 이 세계는 온전히 하나님의 통제 아래 있습니다.

③ 하나님의 형상인 인간과 동물 간에는 그 기원이나 양자 간의 관계에 있어서 뚜렷한 특징적인 차이들이 있습니다(창 1:24, 25, 26-30; 2:7, 20-23). 인간과 동물은 공통된 생물학적 조상을 갖고 있는 것이 아닙니다.

④ 참된 지식을 추구하는 진정한 과학은 '과학적 증거' 앞에서 결코 성경을 거부하지 못할 것입니다. 그것은 언제나 성경의 절대적 권위를 인정하고 성경에 반대되는 것처럼 보이는 과학적 증거들을 성경의 빛 가운데서 해석하고자 할 것입니다.

⑤ 서로 다른 피조물들 가운데 나타나는 유사점들은 같은 혈통임을 가리키는 것이 아니라 같은 창조자를 가리킵니

다. 한 예술가의 다양한 작품들이 서로 닮았듯이 하나님의 다양한 역사들은 신적 창조로 인하여 서로 닮은 것입니다.

〈외부 세계로부터의 증거〉

⑥ 존경받는 많은 기독인 과학자들은 진화론을 입증하는 데에 사용된 같은 과학적 증거들을 가지고 다른 결론에 이릅니다.

⑦ 진화론을 위한 증거라는 것들은 결정적인 증거와는 거리가 멉니다.

〈개인적 체험으로부터의 증거〉

⑧ 자신의 하나님을 아는 신자는 그가 단순한 동물이 아니라는 것을 깨닫습니다. 그는 하나님의 형상입니다.

⑨ 신자는 또한 모든 것들을 다스리는 것은 우연이라는 것이 아니라 하나님이라는 것을 잘 알고 있습니다.

단계3 ; 기독인은 불신자 자신의 독립성을 신봉하는 것으로 인하여 그가 이러한 주장들에 의미를 두지 못한다는 사실을 지적해야 합니다.

b. 어리석음을 따르는 주장

단계1 ; 비기독인은 자신의 그와 같은 독립성에 대한 신봉이 아무런 근거가 없다는 것을 직시해야 합니다.

단계2 ; 진화론과 관련한 주제들에 대해 불신자에게 답할 때에 사용될 수 있는 여러 가지 접근법들이 있습니다. 여기에 그 중 일부를 제시하고자 합니다.

① 불신자가 진화론을 지지하거나 혹은 반대하는 모든 증거들을 적절하게 다 다룬 것은 아니라는 사실은 보여주십시오.

• 이러한 주제들에 있어서 과학의 일반적인 신뢰성을 비판하십시오.

• 진화론을 믿는 과학자들은 과학적으로 입증될 수 없는 것들도 믿는다는 사실을 지적하십시오(예 – 세상은 우연에 의해 지배된다. 유사점들은 같은 혈통임을 보여준다).

• 비기독인 과학자들은 연속되는 진화적 단계를 보여준다는 화석증거의 빈약성에 대한 적절한 설명을 아직도 내놓지 않고 있습니다.

② 더욱이 기독인은 과학자들이 모든 증거들을 다 조사할 수는 없으며 언제든 그들이 전에 취했던 관점을 바꿀 수도 있다는 점을 불신자에게 상기시켜 주어야 합니다. 이것이 바로 진화론은 그 주창자들에 의해서마저도 이론으로 불

릴 뿐이며 서로 다른 많은 진화론들이 존재하는 이유입니다.

③ 불신자의 관점은 아주 전적으로 불확실한 것이므로 그는 확실성을 가지고 기독교적 관점에 반론을 제기할 수 없습니다.

2. 세계의 종말

세계의 시작에 관한 반론들과 함께 이 세상의 종말에 관한 반론들 역시 불신자들에 의해 자주 제기됩니다. 비기독인들은 매우 자주 기독교를 비웃으며 이렇게 말합니다. "언젠가는 심판이 있다는 것을 내가 왜 믿어야 하지?"

a. 진리에 의한 주장

단계1 ; 세상의 종말에 대한 기독인의 관점은 그리스도를 믿는 신앙에 의해 결정됩니다.

단계2 ; 다가올 심판에 관하여 여러 가지 형태의 진리에 의한 주장이 있을 수 있습니다. 여기에서는 두 가지만을 언급하도록 하겠습니다.

〈성경으로부터의 증거〉

① 성경은 다가올 심판이 있음을 명백하게 선언하고 있습니다(마 25:1ff.; 히 9:27).

② 성경은 다가올 심판에 대한 예견으로서 하나님께서 인생들을 심판하셨던 수많은 일례들을 보여주고 있습니다.

〈외부 세계로부터의 증거〉

③ 이 세상의 체계는 축복과 심판의 절정을 향하여 움직이고 있습니다.

〈개인적인 체험으로부터의 증거〉

④ 신자는 처음 그리스도를 믿을 때에 다가올 심판의 실재성을 이해하게 됩니다.

단계3 ; 이러한 증거들이 비기독인에게 설득력을 갖지 못하는 것은 그가 자신의 독립성을 신봉하고 있기 때문입니다.

b. 어리석음을 따르는 주장

단계1 ; 독립성에 대한 신봉은 지지될 수 없습니다.

단계2 ; 비기독인의 그와 같은 구체적인 반대 입장은 헛된 것이며 자멸적인 것임을 직시해야 합니다.

〈절대적 확실성을 주장하는 입장들〉
"내세가 없기 때문에 심판도 없다."

① 불신자는, 특히 거의 죽었다가 나중에 다시 살아난 자들에 의한 최근의 비기독교적 발견들의 견지에서, 내세개념을 지지하거나 혹은 반대하는 모든 증거들을 다 다룬 것이 아닙니다.

② 불신자는 내세란 없다고 단지 추측할 뿐입니다. 그는 죽어본 적도 없으며 이에 관한 모든 주제들과 증거들을 연구해 볼 수는 없는 것입니다.

"인간은 이생에서 지옥을 겪고 있기 때문에 심판이란 없다."

① 불신자는 확실성을 가지고 자신의 관점을 충분히 견지할 만한 증거를 제시할 수 없음을 직시해야 합니다.

② 더욱이 그는 자신의 유한한 관점을 가지고 불신앙은 어떤 징벌을 받아 마땅한지를 결정할 수 있는 입장이 아닙니다.

"심판은 없다. 다만 전쟁, 오염, 인구 과다로부터 오게 될 불가피한 자연적 재앙만이 있을 뿐이다."

① 불신자는 하나님께서 전 세계적인 파괴로부터 이 세상을 보호하신다는 생각을 확실성을 가지고 거부할 만큼 충분한 경험을 해보지 못했습니다.

② 설령 비기독인이 옳다고 해도 그의 관점이 기독교적 관점을 배제하지는 못합니다.

"인류는 지상낙원에 다다를 것이기 때문에 심판이란 없다."

① 불신자는 그것이 사실이라고 믿는 맹목적인 신앙을 가지고 있음을 지적하십시오. 그는 그러한 일들에 관한 확실성을 가질 수 없습니다.

② 불신자들에게 지상낙원의 개념과는 상반되는 인간의 죄성에 대한 증거들을 상기시키십시오.

③ 비기독인은 그가 충분히 경험할 수 없으므로 그러한 일들에 대한 확실성을 가질 수 없다는 점을 보여주십시오.

〈전적 불확실성을 주장하는 입장들〉
"사후에 일어날 사건들을 아는 것은 불가능하다."

① 불신자는 자신이 사후 일들의 속성들에 관하여 침묵하고 있는 것이 아님을 직시해야 합니다. 그는 확실성을 가

지고 자신의 입장을 언급하고 있는 것입니다.

② 그렇다고 하면 비기독인은 그러한 것과 같은 언급을 할 수 없는 것입니다. 만일 우리가 사후에 대하여 아무것도 알 수 없다면 우리는 우리가 아무것도 알 수 없다는 것도 알 수 없습니다.

비기독인은 미래심판에 대한 기독교적 개념을 반박할 근거를 가지고 있지 않습니다. 오로지 기독교적 관점만이 옹호할 만한 것입니다.

B. 신앙의 필요성에 대한 반론들

기독교 복음의 메시지는 불신자들로부터 믿음을 요구합니다. 한편 기독교 신앙은 하나님에 의해 계시된 그러한 진리들을 신봉해야 함을 강조하고 있습니다. 우리는 하나님께서 하시는 말씀을 의존적인 자세로 의심 없이 확신해야 합니다. 또 다른 한편으로 기독교 신앙은 우리의 한계를 깨달을 것과 드러나지 않거나 우리가 이해하지 못하는 일들에 대해서는 겸손히 하나님을 신뢰할 것을 요구합니다. 창조주와 피조물의 구분은 기독인들로 하여금 그들이 의존적인 존재이며 스스로 확신을 가질 수 없는 존재임을 깨닫게 해 줍니다.

그러므로 복음은 조화로운 관계 가운데서의 확실성과 불확실성 모두를 요구하고 있습니다. 그 결과 신앙의 요구는 비기독인들에 의해 자주 거절당하는데 왜냐하면 그들 자신의 절대적 확실성과 전적 불확실성의 양상 가운데서 스스로 무너지기 때문입니다. 그들은 하나님을 거부함으로 인해서 인간이 알 수 있다는 능력을 확신하지 못합니다. 피할 수 없는 딜레마입니다. 그러함에도 비기독인들이 이와 같은 어려움을 설명하고자 하는 한 가지 방법은 둘 중 하나를 무시해 버림으로써 확실성을 주장하거나 아니면 불확실성을 주장하는 것입니다. 결과적으로 비기독인은 신앙에 대한 기독교적 관점을 다음의 두 가지 방법에 의해 반대할 것입니다. 첫째는 절대적으로 확실하다고 주장하며 기독교적 불확실성에 이의를 제기하는 것이고, 둘째는 인간은 전적으로 불확실할 수밖에 없다고 주장하면서 확실성을 가지고 기독교를 반박하는 것입니다. 기독교 신앙을 거부하는 데에 있어서 그들은 기본적인 방향을 형성하고 있는데 이러한 반론들을 각각 다루어 보도록 하겠습니다.

1. 기독교적 불확실성

불신자들은 여러 가지 방법으로 그들 자신의 확실성의 입장에서 기독교적 불확실성에 대하여 의문을 제기합니다. 대개 불신자는 신앙이라는 것을 비이성적이며 지적인 측면에서 볼 때에 용인될 수 없는 것으로 생각합니다. 그는 기독교에는 신앙에 의해서 받아들여야 하는 것들이 너무나 많기 때문에 자신은 기독교를 인정할 수 없다고 확신합니다. 만일 기독교가 우리의 이해력이나 논리적 사고 너머의 것들을 받아들일 것을 요구하지 않는다면 그는 기독인이 될지도 모릅니다. 그러나 그렇기 전에는 그는 이렇게 질문할 것입니다. "왜 내가 기독교를 받아들여야 하는가? 신앙이란 것은 너무 단순하다."

a. 진리에 의한 주장

단계1 ; 기독인은 자신의 신앙관이 그리스도를 신봉함에서 시작된다는 것을 인정해야 합니다.

단계2 ; 이러한 종류의 반론들에 대한 진리에 의한 주장은 불확실성에 관한 기독교적 관점을 제시하는 것입니다.

〈성경으로부터의 증거〉
① 인간에게는 감추어져 있는 것들이 있습니다(신 29: 29).
② 오직 하나님만이 모든 것을 아십니다(시 33:13-15;

139:2-12; 147:5; 대하 16:9; 렘 17:10).

③ 하나님께서 계시하신 인간의 지혜로는 이해할 수 없고 설명될 수 없어 보이는 문제들에 있어서도 하나님은 신뢰할 수 있는 분이시며 또 우리는 하나님을 신뢰해야만 합니다. 더욱이 우리에게는 드러나지 않은 그러한 일들이 하나님께는 온전히 드러난 것들이며 우리는 모든 것을 온전히 알고 계시는 하나님의 능력을 신뢰해야 합니다.

〈외부 세계로부터의 증거〉

④ 인간의 지식 탐구의 역사는 인간은 그 유한성으로 인해 왜 완전한 지식을 가질 수 없는지를 보여주며 그에 따라 인간은 모든 것을 아시는 성경의 하나님을 얼마나 필요로 하는지를 보여주고 있습니다.

〈개인적인 체험으로부터의 증거〉

⑤ 사람이 기독인이 되면 모든 것을 알 수는 없는 자신의 무능과 드러나지 않은 것들에 있어서 하나님을 신뢰할 필요성을 인식하게 됩니다.

단계3 ; 불신자는 자신이 스스로의 독립성을 신봉하기 때문에 이러한 증거들을 받아들이지 않는다는 사실을 직시해야 합니다.

b. 어리석음을 따르는 주장

단계1 ; 불신자의 그러한 독립성에 대한 신봉은 아무런 근거도 갖지 못한다는 점이 드러나야만 합니다.

단계2 ; 어리석음을 따르는 주장은 불신자의 그러한 관점이 자기모순적인 것임을 보여주어야 합니다.

① 불신자는 자신이 모든 것을 다 알 수는 없으며 따라서 그는 그러한 방식으로 기독교를 반박하기 위해 스스로 맹목적인 신앙을 가지고 있음에 틀림없습니다.

② 신앙을 반박하는 불신자의 그 주장 자체가 신앙적인 가정에 기반하고 있습니다.

③ 만일 불신자가 기독교는 신앙을 요구하고 있다는 이유로 기독교를 반박한다면 그는 자신의 관점도 반박하고 있는 것입니다. 사실 기독교적 신앙은 하나님을 향한 것으로 맹목적인 것이 아닌 확실한 것이기 때문에 불신자의 그러한 반론은 오히려 자신의 맹목적인 신앙이 경우에 적용힐 수 있을 것입니다.

단계3 ; 비기독인은 자신의 독립성을 신봉하는 자세를 버려야만 할 것입니다.

2. 기독교적 확실성

비기독인들은 자주 그들의 전적 불확실성의 입장에서 신앙에 대한 기독교적 요구를 반대합니다. 이러한 경우에 그들은 확신을 갖기 위해서는 단지 믿어야만 하기 때문에 그리스도 믿기를 거부합니다. 그는 신앙에 관한 교리들을 확신할 수 있는 방법이 없다고 생각합니다. 기본적으로 불신자는 이렇게 말할 것입니다. "당신은 너무 독단적이군요."

a. 진리에 의한 주장

단계1 ; 기독인은 자신의 관점이 기본적인 신앙에 기인하고 있음을 인정해야 합니다.

단계2 ; 이와 같은 경우에 여러 가지 기본적인 논의들이 있습니다.

〈성경으로부터의 증거〉
① 하나님은 성경을 통해 스스로를 계시하셨습니다(딤후 3:16).

② 그리스도는 자신이 성부께로 이를 수 있는 유일한 중보임을 주장하셨습니다(요 14:6).

③ 하나님의 진리는 영원히 거합니다(벧전 1:24-25).

④ 하나님께서 하신 말씀은 무오하며 권위 있는 것으로 받아들여집니다(신 29:29).

〈외부 세계로부터의 증거〉

⑤ 하나님께서 질서를 부여하시고 조성하셨기 때문에 이 세계는 완전히 이해될 수는 없을지라도 어느 정도는 이해될 수 있습니다.

〈개인적 체험으로부터의 증거〉

⑥ 그리스도 안에 있는 신자는 하나님께서 하신 말씀은 진리이며 완전한 권위로서 받아들여져야 한다는 것을 알고 있습니다.

단계3 ; 불신자는 자신이 스스로의 독립성을 신봉함으로 인해 이러한 주장들이 자신의 눈에는 별다른 의미가 없게 보인다는 점을 직시하여야 합니다.

b. 어리석음을 따르는 주장

단계1 ; 그러한 독립성에로의 전념은 정당화 될 수 없음을 보여주십시오.

단계2 ; 불신자의 그러한 입장은 자멸적이면서도 자기모순적인 것입니다.

① 불신자는 기독교가 독단적이라고 확신할 수 있을 만한 충분한 증거를 제시하지 못한다는 사실을 직시하여야 합니다.

② 불신자는(자기 관점을 주장하는 데에 있어서) 신자가 독단적이라고 비판하는 만큼이나 자신 역시도 독단적입니다. 결론적으로 그는 결국 스스로의 입장을 반박하고 있는 셈입니다.

③ 비기독인은 불확실성의 입장을 신봉하고 그의 확실성

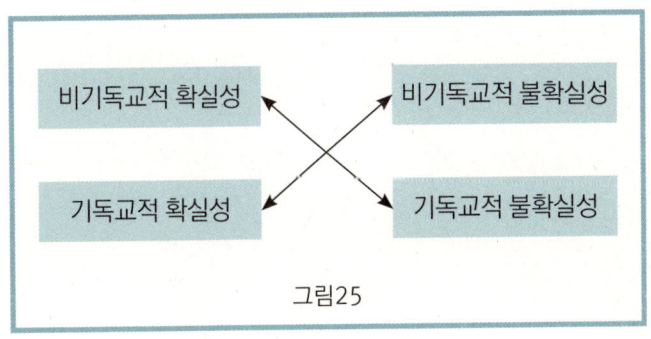

그림25

이라고 하는 것은 맹목적인 신앙에 기반하고 있습니다.

단계3 ; 비기독인은 자신을 딜레마에 빠뜨린 자기 독립성에 대한 신봉을 버려야만 할 것입니다.

비기독인들은 자신의 완전한 확실성과 전적 불확실성의 관점에서 기독교 신앙에 반대하지만 실상은 그렇게 함으로써 자신의 관점을 모순되게 만드는 것입니다(그림 25를 보라).

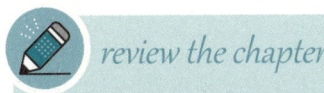
review the chapter

1. 진리에 의한 주장에서 세 가지 기본 단계는 무엇입니까? 어리석음을 따르는 주장에서 세 가지 기본 단계는 무엇입니까?

2. 다음의 내용들을 진리에 의해 주장해 보시오.
   ⓐ 세계의 기원
   ⓑ 세계의 종말
   ⓒ 신앙의 확실성
   ⓓ 신앙의 불확실성

3. 다음의 반론들을 어리석음을 따르는 주장을 사용하여 답해 보시오.
   ⓐ "진화론은 기독교를 반증하고 있다."
   ⓑ "심판이란 없다."
   ⓒ "기독교는 너무나 단순하다."
   ⓓ "기독교는 너무나 독단적이다."

모든 생각을 사로잡아 | chapter 14

변증 우화

외인에게 대해서는 지혜로 행하여 세월을 아끼라
너희 말을 항상 은혜 가운데서
소금으로 맛을 냄과 같이 하라
그리하면 각 사람에게 마땅히 대답할 것을 알리라

골로새서 4:5-6

chapter **14**
변증 우화

'무방비 데니'(Defenseless Denny)라는 사람이 있었습니다. 그는 복음을 접하고 구세주 되시는 그리스도를 영접하게 되었습니다. 충만한 기쁨과 열정을 가지고 그의 옆집 이웃인 '확신찬 신디 무신'(Certain Dindy Nogod)과 '의심쟁이 데이비드 무신'(David Doubter Nogod) 부부를 찾아갔습니다. 그 무신(Nogod) 부부는 자신이 기독인이 되기 전에는 가장 절친한 친구들이었습니다. 데니가 무신 가족의 문 앞에 이르렀을 때 그들이 많은 저녁시간들을 함께 기독인 이웃들을 비웃으며 보냈던 일들이 떠올랐습니다. 데니는 그가 값없이 받은 그리스도 안에서의 새 생명을 신디와 데이비드도 알게 되기를 바랐습니다. 신디와 의심쟁이 데이비드는 그의 새로운 종교에 대해 들었고 그를 집안으로 들이면서 그의 마음을 다시 돌려놓아야겠다고 결심했습니다. 대면은 불가피한 것이었습니다. 데니는 무신(Nogod) 부부에게 그들의 구원의 필요성에 대해 열심히 말해 주었습니다. 그러나 매 언급마다 신디와 데이비드는 반론을 제기하며 말을 끊었습니다.

신디가 말했습니다. "너 설마 너의 그 종교를 진짜로 믿고 있는 건 아니지? 그렇지?" "이런 종교적인 대화는 바보 같은 짓이야. 기독교가 비과학적인 미신이라는 건 너나 나나 잘 알고 있잖아. 정신 차려, 데니! 이런 증명되지도 않은 것을 나보고 믿으라는 건 아니겠지?"

데니는 놀랐습니다. 자기가 복음을 들었을 때에는 그다지 어려움 없이 받아들였기 때문입니다. 데니는 스스로에게 "신디는 너무 완고하기 때문일 거야."라고 말했습니다. 그러나 의심쟁이 데이비드의 반응 역시 별반 다르지 않았습니다.

데이비드가 말했습니다. "이봐 데니, 나는 네가 성실하고 온건한 사람이라는 것을 잘 알아. 하지만 우리가 종교에 대한 확신을 가져야 한다고는 생각지 않아. 이 세상에는 수천 가지의 종교가 있다고. 우리는 어떤 한 가지가 다른 것보다 낫다고 결정할 수는 없어." 그는 계속해서 말했습니다. "우리가 하나님과 함께 하기 위해선 예수만을 믿어야 한다고 말하는 건 거만한 태도라고 생각해. 너 너무 편협한 거 아니야? 적어도 나는 그보다는 더 겸손하려고 노력하거든."

의심쟁이 데이비드의 대답에 데니는 속으로 생각했습니다. "아마도 내 인생을 그리스도께 헌신하기 전에 기독교에 대해 좀 더 면밀하게 살펴보지 못했던 것 같아. 아마도 내가 너무 순진했었나봐. 너무 독선적이었어." 무방비 데니는 낙심되고 혼란스러운 마음을 안고 무신 부부의 집을 나왔습니다.

집으로 가는 길에 데니는 그의 새 기독인 친구 중 한 사람인 '진상조사자 프레디'(Freddie Factfinder)를 만났습니다. 프레디는 그의 팔에 여섯 권의 책을 안고 있었습니다. 그는 항상 많은 책과 서류들을 들고 다닙니다. 프레디는 뛰어난 지성인으로서 언제나 이렇게 말합니다. "어떠한 새로운 사실이 발견될지 당신은 결코 알 수 없어요." 데니가 신디와 데이비드를 만난 일을 말했을 때 프레디는 공감해 주었습니다. 그 역시도 친구들과 복음을 나눈 후에 그들의 불신앙에 낙심해 있었습니다. 프레디는 강조했습니다. "너의 문제는 너의 증언을 뒷받침할 만한 충분한 명분을 갖지 못했다는 데에 있어. 그러니 불신자를 확신시킬 수 있을 만한 사실이 필요해." 데니와 프레디는 기독교를 위한 증거들에 관하여 오랜 시간 얘기를 나누었습니다. 프레디는 모든 과학 분야에 걸쳐서 기독교적 관점에 상당한 무게를 실어줄 수 있는 증거들을 찾아내었습니다. 사실상 프레디는 기독교를 입증할 수 있는 날로 증가하는 사실들의 거의 모든 목록을 지니고 다녔습니다. 무방비 데니는 프레디가 선사해 준 확신으로 인해 흥분을 감추지 못했습니다. 그리고 무신 가족의 집을 다시금 함께 방문하기 위해 프레디를 초대하였습니다.

무신 가족은 데니를 다시 보게 되어 기뻤으며 프레디도 반겨주었습니다. 데니는 프레디를 '사실들을 알고 있는 기독인'으로 소개하였고 신디와 데이비드 둘 다 이에 기뻐하였습니다. 이제 그들은 데니가 생각하고 있는 바를 더 잘 이해할 수 있을 것입니다.

프레디가 먼저 말문을 열었습니다. "데니가 저에게 당신들은 기독인들이 아니라고 일러주더군요. 그리스도를 믿지 않으려고 하는 특별한 이유가 있으신가요? 기독교가 합당하다고 여길 만한 풍부한 사실들을 제가 발견했습니다."

신디가 웃으며 말했습니다. "제가 왜 하나님의 존재를 믿어야 한다고 생각하시는지 어디 한번 들어봅시다."

프레디는 하나님의 존재에 대한 증거자료 목록들을 꺼내어 신디에게 읽어주기 시작했습니다. "1. 거의 모든 사람들이 어떤 종류의 하나님이든지 간에 하나님은 존재한다고 생각한다. 2. 인과법칙은 틀림없이 이 세계에 대한 신적 원인이 있다는 것을 보여준다. 3. 이 우주의 질서정연함이 그것을 하나님이 설계하였음을 나타낸다." 프레디는 확신을 가지고 읽어 내려갔습니다.

신디는 방 한편에 있는 책장의 책들을 가리키며 말했습니다. "그런 낡은 주장들은 이미 오래전에 반박되었다는 걸 모르세요? 단순히 많은 사람들이 하나님을 믿는다고 해서 하나님의 존재가 입증되는 것은 아니죠. 과거에는 사실로 인정되었던 것들이 후에 잘못되었음이 드러나는 경우가 얼마나 많은데요. 게다가 이 온 세상이 신적인 원인을 갖는다고 누가 그래요? 인과의 법칙은 그 자체로도 논란이 되고 있어요. 설사 인과법칙이 진리라고 하더라도 그것은 논리적으로 볼 때 생물계 자체의 원인을 가리키고 있지 신적 원인을 나타내고 있지는 않죠. 게다가 이 세계의 설계양상은 우연에 의해서나 아니면 많은 신들의 노력에 의해서 된 것일 겁니다. 단지 당신의 하나님에 의해서 된 것은 아니에요! 좀 더 나은 어떤 증거들이 없나요? 당신이 말하는 그 사실이라고 하는 것들은 너무나도 설득력이 없네요, 프레디."

다소 실망하면서 프레디는 데이비드를 바라보았습니다. "프레디!" 데이비드가 말했습니다. "나는 신디만큼은 아니지만 그래도 당신의 주장들은 그다지 결정적이지 못하다고 생각해요. 하나님이 존재하는지 그렇지 않은지 확신하는 것은 엄청나게 어려운 일이죠. 그것을 입증하는 혹은 반증하는 증거들이 있긴 하지만 솔직히 말하면 저는 그러한 질문들에 대해선 침묵할 필요가 있다고 생각해요." 프레디는 낙심되었지만 포기하지는 않았습니다.

"자, 그럼 일단 신이 있다고 가정해 봅시다." 프레디가 제안했습니다. 신디와 데이비드도 그러자고 했습니다.

"저는 예수는 육신을 입고 오신 하나님이셨고 성경은 하나님의 말씀이라고 생각합니다." 프레디가 주장했습니다.

이에 신디와 데이비드는 "어떤 사실들을 가지고 그런 주장들을 입증하실 거죠?"라고 물었습니다.

"음, 예수는 자신이 하나님이라고 주장했는데 그는 미치광이나 거짓말쟁이가 아니었거든요. 그러니까 그는 틀림없이 하나님이셨던 거죠."라고 프레디가 답했습니다.

신디는 가만히 있을 수 없어서 이렇게 주장하고 나섰습니다. "보세요, 저는 미치광이도 아니고 거짓말쟁이도 아니에요. 그러면 만일 제가 스스로를 하나님이라고 확신하고 그렇다고 말하면 제가 하나님인 건가요? 게다가 유명한 역사가들은 심지어 예수가 실존 인물이었는지조차도 의심하고 있어요. 만일 실존했었다고 해도 그가 실제로 신이라고 주장했는지도 의문이군요. 예수가 그렇게 주장했다고 해서 그가 신이라는 것이 입증되는 건 아니죠. 좀 더 확실한 증거 사실들을 준비하셨어야죠. 진상조사자(Factfinder) 씨."

"그렇다면 부활은 어떻게 생각하세요?" 프레디가 주장했습니다. "빈 무덤이 단연코 그가 하나님이었다는 것을 증명하지 않겠어요?"

이에 신디는 "먼저 예수가 부활했다는 것을 저에게 확신시키려면 훨씬 많은 사실들을 보여주셔야죠. 빈 무덤에 대한 해석들이 많은데 제가 보기엔 빈 무덤이 예수의 신성을 증거한다는 해석보다는 다른 해석들이 더 타당해 보이네요."라고 말했습니다.

데이비드 역시 "프레디, 당신 말에 동의하기는 좀 힘들 것 같아요. 종교들마다 신화들이 많고 그것들을 다 믿을 수는 없는 거죠. 어느 것이 사실인지 안다는 것은 불가능해요."

거의 절망감에 빠지면서 프레디는 주장했습니다, "성경은 그 모든 일들이 사실이라고 말하고 있어요. 그리고 저는 성경이 신뢰할 만하다는 것을 입증할 수 있어요. 성경 안에는 모순되는 것들이 하나도 없죠. 성경이 진실이라는 것은 역사가들과 과학자들에 의해 입증되고 있어요. 성경은 심지어 그것이 하나님의 말씀이라고 말하고 있죠."

"그래서 뭐요?" 신디가 말했습니다. "제 생각에는 성경에는 수많은 모순들이 있어요. 예수가 인간이면서 동시에 하나님이었다는 것을 저에게 논리적으로 설명 좀 해 주세요! 게다가 수많은 권위자들이 실제 역사와 과학 그리고 성경

사이에는 분명한 차이가 있다고 말하고 있죠."

의심쟁이 데이비드도 같은 말을 반복했습니다. "나는 당신이 온건한 사람이라고 확신해요. 하지만 당신은 확실한 논증들을 제시하지 못하는 것 같군요."

그 때 데니가 입을 열었습니다, "왜죠? 진상조사자 프레디 씨, 당신도 나만큼이나 변증적이지는 못한 것 같군요. 저는 당신이 모든 것들을 해결해 줄 수 있을 것이라고 생각했어요."

"저도 그렇게 생각했어요." 프레디가 말했습니다, "이렇게 민첩하게 사고하는 불신자를 만난 적이 없거든요. 일단 집으로 돌아가서 우리가 사용할 수 있는 좀 더 많은 자료들을 확보해야겠어요."

"더 이상 무엇을 더 사용하겠다는 건가요?" 데니가 말했습니다. "당신은 이미 많은 사실들을 가지고 왔고 그것들은 저에게 별로 도움이 되지 못했잖아요."

그 둘은 무신 부부에게 작별인사를 하고서 각자의 길을 갔습니다.

다음날 무방비 데니는 그의 기독인 이웃인 '성경 떠버리 베니'(Benny Bible Banger)에게로 달려갔습니다. 지난밤에 있었던 일들에 대해 들은 후 베니는 말했습니다. "얼마든지 있을 수 있는 일이에요! 진상조사자 프레디가 무모한 짓을 했네요. 당신은 결코 불신자들을 믿게끔 설득시킬 수 없어요. 우리가 할 수 있는 모든 일은 복음을 선포하고 믿을 것을 요구하는 것이에요."

베니가 최소한 부분적으로는 옳다는 것만은 분명해 보였습니다. 프레디가 수집한 사실들을 가지고는 신디와 데이비드를 설득할 수 없었습니다. 데니는 "베니가 옳을지도 몰라. 우리는 신앙을 변호하려고 할 필요가 없었어."라고 속으로 생각했습니다. "무신 부부에게 갑시다. 가서 당신의 접근법이 더 나은지 한 번 봅시다." 데니가 말했습니다. 베니도 동의했고 둘은 또 다른 대면을 위해 출발했습니다.

"신디, 데이비드!" 데니가 말했습니다. "내 친구 성경 떠벌이 베니를 한 번 만나보지 않겠어?"

그 즈음에 무신 가족은 데니의 기독인 친구들을 별로 탐탁지 않게 여겼지만 무례하게 굴고 싶지는 않았습니다.

"들어와서 좀 앉으시죠." 데이비드가 마지못해 말했습니다.

베니는 자신이 그리스도를 믿는 신앙에 대해 신디와 데이비드와 나누기 시작하면서 말했습니다. "어제 진상조사자 프레디가 당신들에게 했던 말들은 모두 잊어버리시기 바랍니다. 증거들을 가지고 기독교를 입증하고자 하는 것은 잘못이에요. 기독교는 이성적이지 않아요. 그것은 신앙의 문제입니다." 베니는 계속해서 말했습니다. "사실 과학과 이성은 악한 것이에요. 하나님을 알기 위해서는 성경이 말하고 있는 것을 그저 신앙으로 믿어야만 합니다. 만일 그리스도의 주장들을 살펴보고자 한다면 당신은 결코 진리를 깨달을 수 없어요."

"제가 왜 성경을 믿어야만 하는 거죠?" 신디가 물었습니다.

"성경을 믿지 않는 것은 잘못이기 때문에 당신은 성경을 반드시 믿어야만 해요." 베니가 대답했습니다.

"그러니까 당신 말은 생각하고 숙고하는 일들은 그만 두어야 한다는 뜻인가요?" 신디의 질문에 베니는 "네"라고 대답했습니다.

신디는 결론을 내렸습니다. "데이비드는 어떻게 생각하는지 모르겠지만 당신 기독인들은 그저 지푸라기에 매달려 있다고 저는 확신합니다. 기독교는 정말이지 우스꽝스러워요. 그래서 합리적으로 사고하는 것은 잘못이라고 우기고 있는 것 아니겠어요? 믿음에 대한 어떠한 근거가 없다면 저는 성경을 믿지 못하겠군요."

"미안하지만 저도 신디와 비슷한 생각이에요." 데이비드가 말했습니다. "만일 제가 기독교에 대해 이성적인 숙고를 하지 못한다면 그것이 옳은 것인지 그릇된 것인지 어떻게 결정을 내릴 수가 있겠어요? 당신의 말대로라면 한 종교뿐만 아니라 다른 종교도 마찬가지로 진리라고 해야 하지 않겠어요? 저는 진상조사자 프레디와도 진지한 대화를 충분히 나누어 보았는데요, 당신의 관점 역시 받아들이기 어렵겠군요."

다시 한 번 실망하여 데니는 베니의 팔을 끌며 투덜거렸습니다. "이봐 베니, 그만 집으로 가자고!"

그 날 이후 데니는 기독인 크리스(Chris Christian)를 만났습니다. 무신 가족이 그들 간의 토론에서 승자가 된 지 얼마 지나지 않아서였습니다.

"이봐 크리스!" 데니가 고백했습니다. "기독교 신앙은 변호될 수 없다는 것을 알고 나서 나는 얼마나 실망을 했는지 몰라."

"잠깐만." 크리스가 말을 끊었습니다. "기독교는 변호될 수 있어. 프레디와 베니는 자신들의 신앙을 어떻게 변증해야 하는지 몰랐을 뿐이야. 성경은 우리에게 '…묻는 자에게는 대답할 것을 항상 준비하되…'(벧전 3:15)라고 명하고 있어."

"그래 알아 나는 그리스도를 믿어. 하지만 신디와 데이비드는 프레디와 베니의 주장들을 다 반박할 수 있더라고." 데니가 말했습니다.

"그래, 우리의 형제인 프레디와 베니에 대해서 알고 있어. 그들이 말하는 바는 다 옳고 열심히 해보려고 했지. 하지만 그들은 접근법에 있어서 성경적이지 않아. 내가 신디와 데이비드가 신자가 되리라고 보장할 수는 없지만 적어도 성경적 접근법이 그들에게 기독교적 관점을 받아들여야 하는 수많은 이유들을 던져줄 수 있다는 것만은 약속할 수 있지. 더욱이 그 성경적 접근법은 너에게 용기를 주고 너의 신앙을 강하게 만들어 줄 거야."라고 그녀가 신실하게 말했습니다.

"크리스, 나는 또 다시 좌절을 맛보고 싶지 않아. 그래서 너를 믿어보는 게 쉽지 않지. 하지만 너에게도 기회를 주고 싶어. 네가 말하는 접근법이 뭔데?" 데니가 물었습니다.

기독인 크리스는 성경적 변호가 무엇인지 그것이 여러 가지 대화에 있어서 어떻게 작용하는지를 계속해서 설명해 주었습니다. "네가 가장 먼저 알아야 할 것은 말이지…" 그녀가 데니에게 말했습니다. "프레디랑 베니 모두 다 신앙을 변호하는 것에 대한 바른 개념들을 가지고 있긴 했었다는 점이야. 프레디가 주장한 대로 기독교는 이성적으로 변호될 수 있지. 불신자와의 대화에서 이성적 사고는 성경적 변호에 있어서 중요한 역할을 하거든. 한편 베니 역시 중요한 점을 지적했어. 그는 성경을 맞게 인용했어. 왜냐하면 우리 모두는 하나님의 말씀을 판단할 수 있는 위치에 있지 않으니까. 대신에 의문의 여지없는 권위로서의 하나님의 말씀이 스스로 선포하게끔 했어야만 해."

"하지만 어떻게 그 두 가지 개념을 함께 적용할 수가 있지?" 데니가 물었습니다.

"성경이 너의 질문에 대한 답을 주고 있어! 잠언 26장 4-5절은 이렇게 말하고 있지. '미련한 자의 어리석은 것을 따라 대답하지 말라 두렵건대 너도 그와 같을까 하노라 미련한 자에게는 그의 어리석음을 따라 대답하라 두렵건대 그가 스스로 지혜롭게 여길까 하노라.'"

"그렇구나!" 데니가 목소리를 높였습니다. "한편으로는 불신자의 입장에 서지 않으면서 의심의 여지가 없는 것으로서의 성경의 진리를 제시하고 또 다른 한편으로는 불신자 자신의 근거에 입각하여서 그를 설득하고자 한다. 맞지?"

"거의 맞아." 크리스가 대답했습니다. "우리는 두 경우 모두 이성과 논증을 사용하지만 먼저는 진리에 의해서 주장한 후 그리고 나서 어리석음을 따라서 주장하는 거지. 기독교적 관점을 위한 성경적 답변과 증거들을 제시하고 불신자의 개념을 그대로 사용하여서 그의 자기 확신을 논파하는 거지."

"당장 가서 신디와 데이비드를 만나보자."

데니와 크리스가 무신 부부의 집을 찾아갔을 때 신디와 의심쟁이 데이비드는 이번 딱 한 번만 더 데니의 친구와 대화를 나눠보겠노라고 했습니다.

크리스가 먼저 말문을 열었습니다. "데니가 그러는데 당신들은 기독교가 진리라고 믿기 힘들다고 했다더군요. 그리스도를 당신의 구세주로 믿지 못하는 특별한 이유가 있나요?"

"당연하죠," 신디가 받아쳤습니다. "저는 심지어 하나님이 살아있다고도 생각지 않아요. 예수와 십자가 어쩌고 저쩌고에 관한 것들은 더욱 그렇죠. 내가 왜 하나님을 믿어야 하나요?"

"내가 하나님을 믿는 이유는 그리스도를 믿는 믿음에 뿌리를 두고 있다는 말을 먼저 해 주고 싶군요. 내가 그리스도인이 되었을 때에 이전에 전혀 경험해보지 못한 방식으로 하나님의 존재를 인식하게 되었죠."

"그래서요? 그건 제 질문에 대한 답이 되지 못하는 것 같은데요."

"잠시만요! 좀 더 말하게 해 주시겠어요? 저는 하나님이 살아계신다는 것을 믿어요. 왜냐하면 성경이 거듭해서 그렇게 말하고 있기 때문이죠. 사실상 저로선 하나님의 창조 사역을 생각지 않고서는 이 세상이 존재한다는 것을 인지할 수가 없죠. 제가 보는 모든 곳에서 하나님의 손길과 능력을 볼 수가 있습니다."

"만일 그게 당신이 나에게 줄 수 있는 최선의 답변이라면 당신은 성경 떠버리 베니보다 별반 나을 게 없군요. 당신은 지금 비이성적인 어떤 것을 저에게 믿으라고 요구하고 있을 뿐이에요."

"당신이 무슨 말씀을 하시는지는 잘 알고 있습니다. 그러나 기독인인 저의 관점에서 보자면 하나님을 믿는다는 것은 지극히 이성적인 일입니다. 물론 당신이 믿지 않는 것이 저에게는 전혀 놀라울 게 없죠. 당신은 지금 독립적으로 생각하기 위해서 당신 스스로를 신봉하고 있거든요."

"지금 무슨 말씀을 하고 계신지 모르겠네요." 신디가 반박했습니다. "저는 단지 사실을 직시하고 제가 보고 있는 것을 말할 뿐이에요."

"신디, 저는 하나님의 말씀을 믿고 신봉합니다. 스스로의 질문에 답하기 위해 하나님의 말씀에 의존하죠. 그러나 당신은 하나님의 말씀을 떠나 독립적으로 사물을 조사하고 바라보는 것을 신봉하고 있잖아요. 왜 하나님을 믿지 못하나요?"

"왜냐하면 그것은 비과학적이거든요."

"어째서 과학적인 것이 진리에 이르는 길이라고 생각하

시죠?"

"그것이 유일하게 이치에 맞는 사고방식이거든요." 신디가 대답했습니다.

"그 방식이 누구에게 이치에 맞는다는 말인가요?"

"저에게요!"

"보세요, 당신은 무엇이 옳은지 무엇이 그른지를 판단할 재판장의 위치에 스스로를 올려 놓았잖아요. 그리고 그것이 바로 당신이 모든 것에 대한 기독교적 관점을 받아들이지 못하는 이유죠."

"그래서 뭐요? 맞아요, 제가 그리스도를 거절하기로 독립적으로 결정을 했겠죠. 당신도 똑같은 식으로 믿기로 결정한 거잖아요. 그건 당신의 선택이고 이건 저의 결정인 거죠."

"그렇지 않아." 데니가 나섰습니다. "나는 기독인이 되고 나서 먼저 나를 선택하셔서 믿게끔 하신 분이 하나님이라는 사실을 알게 되었지. 내가 독립적으로 선택한 것이 아니야."

"성경의 가르침 때문에 네가 그렇게 말하는 것이지, 그것이 사실은 아니지."

"보세요, 다시금 당신은 스스로 독립적으로 사고하려는 것으로 인해 기독교적 관점에 반대하고 있어요. 질문 하나 할게요. 당신은 어째서 독립적이라고 생각하시죠? 어째서 하나님과 성경에 복종하지 않고서도 진리를 알 수 있다고 생각하나요?"

"왜냐하면 저는 하나님에 대한 의존성에 관한 얘기는 좀 우스꽝스러운 것이라고 생각해요." 신디가 말했습니다.

"그렇죠, 그러나 당신은 스스로의 독립성을 신봉하기 때문에 그게 우스꽝스럽다고 생각하는 거죠. 자신 스스로에 입각해서 그러한 결론에 이른 거잖아요."

"그래서요?"

"그래서 당신이 스스로의 독립성을 그토록 신봉하고 있는 것은 정당화 될 수 없죠. 당신은 당신이 스스로를 독립적이라고 믿는 이유는 당신이 독립적으로 결정한 것들을 믿기 때문이라고 말하면서 다람쥐 쳇바퀴 돌 듯 순환적인 사고를 하고 있잖아요. 당신이 무슨 대답을 하든지 간에 당신이 믿고 있는 그 모든 것의 근간이 되는 당신 스스로에 대한 신봉성은 정당화 될 수 없는 것이죠?"

"당신도 그렇기는 마찬가지 아닌가요?" 신디가 주장했습니다.

"아니오! 저는 제 자신에게 궁극적인 권위가 있다고 주장하지 않아요. 하나님이 궁극적인 권위죠. 제 평생의 믿음을 지탱하고 계신 분이 바로 하나님이세요. 물론 당신의 관점에서 볼 때 이 주장이 어리석게 들린다는 걸 잘 알아요. 하지만 제 요점은 당신의 관점은 저의 관점에서 볼 때뿐만 아니라 당신 자신의 관점에서 볼 때조차도 어리석고 일관성이 없다는 것이죠."

"어째서죠?"

"당신이 스스로의 독립성을 신봉하는 것은 아무런 근거가 없는데도 당신은 그토록 과학적이면서도 논리적이고 싶어 하죠. 당신은 그와 같은 딜레마에서 벗어날 수 없을 겁니다."

"당신이 무슨 말 하는지 알겠어요. 그렇다고 해도 하나님을 믿는다는 것은 여전히 비과학적인 것은 사실이에요. 하나님에 대한 아무런 증거가 없잖아요."

"당신은 하나님을 발견하기 위해서 모든 순간에 이 우주의 모든 곳을 다 가보았나요? 그리고 나서 우주 밖까지도 나가보았나요?"

"아니오."

"그렇다면 당신은 과학이 기독교에 상반되는 것이라고 확신할 수 없는 것이죠. 당신이 존재하는 모든 증거를 다 알고 있을 수는 없어요. 그렇기 때문에 당신은, 하나님은 계시지 않다고 확신할 수는 없죠."

"진화론이 사실이라는 것을 과학이 입증하고 있어요. 그것이 사실이라면 하나님은 존재하지 않는 것이죠."

"진화론은 단지 이론에 지나지 않죠. 그리고 과학자들이 모든 것에 대하여 알아야 할 모든 것을 다 알기 전에는 우리는 그들이 자신들의 주장을 정확하게 이해하고 있다고 확신할 수 없는 것이죠. 사실상 당신은 유한한 존재이고 하나님께 의존하기를 거부하므로 당신은 어떠한 것도 확신할 수 없다는 것은 분명합니다. 만일 당신이 어떠한 것에 대하여 확신을 갖기 원한다면 이와 같은 당신의 한계적인 현실을 아예 무시해 버리고 스스로를 맹목적으로 믿는 방법밖에는 없겠죠. 당신은 결코 진정하고 완전한 확실성에 도달할 수 없습니다."

의심쟁이 데이비드 역시 더 이상 침묵할 수 없었습니다. "그게 바로 내가 오랫동안 당신에게 하고 얘기하고 싶었던 점이오, 신디." 데이비드가 말했습니다. "그러나 크리스 당신이 간과하고 있는 점이 한 가지 있는데 그것은 당신 역시도 신디 만큼이나 무엇을 확신할 수는 없다는 것이죠. 우리 모두는 무엇을 확신할 수 있을 만큼 충분한 증거를 얻을 수 없어요. 신의 존재와 같은 논란의 여지가 많은 것에 대해선 더욱 그러하죠. 제 생각엔 그게 바로 제가 불가지론자가 된 이유에요."

"그건 그렇지 않아요, 데이비드. 저는 하나님께서 그 분의 말씀 가운데 일러주시기 때문에 하나님이 존재하신다는 것을 알고 있어요. 그 분은 모든 것을 알고 계시기에 만일 우리가 그 분께 의존한다면 모든 것을 다 알지는 못해도 참된 것이 무엇인지는 알 수 있는 거죠." 크리스가 대답했습니다.

"맞아요. 하지만 우리는 하나님께서 진짜로 스스로를 계시하셨는지 그리고 그 분이 존재하시는지 확신할 수 없어요. 그와 같은 문제는 그냥 그대로 두어야 한다고 생각해요."

"데이비드, 당신의 문제는 스스로가 불가지론자가 되기를 원하면서 스스로를 신봉하는 것 대신에 어떻게든 안전하게 그대로 있고자 한다는 것이에요. 그러나 당신은 우리 모두는 그 무엇도 확신해서는 안 된다고 확고하게 확신하고 있어요. 당신 역시나 신디 만큼이나 독단적입니다."

"정확히 무슨 뜻인지 모르겠는데요."

"당신은 모든 것에 대하여 확신하지 말아야 한다고 확신할 만큼 충분히 알지 못한다는 것입니다. 당신이 모든 곳을 다 확인해 보고 난 후에 무언가를 확신하는 것은 불가능하다고 파악하기 전에는 우리는 하나님을 알 수 없다고 확신할 수는 없습니다."

크리스는 말을 계속 이어갔습니다. "당신 둘은 결국 같은 얘기를 하는 것이고 같은 실수를 범하고 있는 것입니다. 신디 씨는 자신이 옳다고 확신하지만 그러기 위해서는 당신의 지식이 제한적이고도 완벽히 확실한 것은 아니라는 현실적인 문제를 먼저 처리해야 할 것입니다. 데이비드 씨는 자신이 맞는다고 확신하지만 당신의 주장을 따르자면 당신이 진짜 맞는지 당신으로선 알 길이 없습니다. 당신 둘은 모두 다 스스로의 관점을 견지하기 위해서 명백한 사실들을 무시하고 있는 것입니다."

"하지만 우리로선 이것이 최선이라는 걸 당신도 인정해야만 해요." 신디가 대답했습니다.

"아니요, 그렇지 않습니다." 크리스가 말했습니다. "당신들은 문제점들을 무시하든지, 정신 이상이 되든지, 자살을 하든지, 아니면 기독인이 되든지 등을 선택할 수 있어요. 그리스도는 당신들을 이러한 헛됨으로부터 구원하실 수 있습니다. 당신들이 당신들의 구원을 위하여 그리스도의 죽으심과 부활하심을 믿기만 한다면 그리스도께서는 인생의 참 소망과 의미를 주실 겁니다. 그분을 의지하고 신봉하시길 바래요."

"당신은 당신의 입장을 아주 잘 변호해 내는군요." 데이비드가 인정했습니다. "하지만 우리는 기독인이 되고 싶은 마음이 없어요."

"그래요, 하지만 복음은 여러분들에게 제시되었습니다.

부디 그리스도가 말하는 것들을 신중하게 받아들이시길 바랍니다. 요한복음 3장 36절은 이렇게 말하고 있어요."

> 아들을 믿는 자는 영생이 있고 아들을 순종치 아니하는 자는 영생을 보지 못하고 도리어 하나님의 진노가 그 위에 머물러 있느니라(요 3:36)

크리스와 데니는 무신 부부의 집을 나와서 크리스의 집으로가 그들을 위해 기도했습니다. 데니는 큰 용기를 얻었습니다. 그는 더 이상 변호하지 못하는 자가 아닙니다. 그와 크리스는 하나님께서 무신 부부의 마음을 움직이셔서 그리스도께로 인도해 주시길 간절히 바랐습니다. 하지만 그날까지 데니와 크리스는 계속해서 그들의 주님과 기독교 신앙을 변호하는 일에 충실할 것입니다.

모든 생각을 사로잡아
Every Thought Captive

초판발행 2017년 12월 20일

지은이 리차드 프랫
옮긴이 석기신, 신승욱

펴낸곳 **제네바신학대학원대학교 출판부**
경기도 파주시 파평면 파신시원길 64-68(늘노리 268-18)
TEL. (031)958-6001
홈페이지 gts.ac.kr
편집 경향문화사
서울시 강서구 화곡로 375